111 spannende Experimente für Kinder

faszinierend · verblüffend
völlig ungefährlich

Kerstin Landwehr

Sonderausgabe

Der Verlag und die Redaktion möchten sich an dieser Stelle sehr herzlich bei Teresa, Emilia, Anna, Niklas, Steffi, Eloise, Veith, Nepomuk, Lukas, Selina, Leonie, Timo, Julia und Amelia bedanken, die für die Fotoaufnahmen in diesem Buch geduldig viele Stunden Modell gestanden haben.

Text: Kerstin Landwehr
Abbildungen: Agentur Kunterbunt; Kerstin Landwehr (S. 4)
Titelabbildungen: Mauritius Bildagentur, Mittenwald (gr. Bild; kl. Bild unten);
www.fotolia.de (evgenyb, kl. Bild oben; Tatarszkij, kl. Bild Mitte)
Gestaltung: Axel Ganguin
Umschlaggestaltung: Hartmut Baier

ISBN: 978-3-8174-6611-5
5466111

Liebe Forscherinnen und Forscher!

Hättet ihr gedacht, dass ein Ei von ganz alleine in eine Flasche schlüpft? Oder habt ihr schon mal beobachtet, wie eine Mineralwasserflasche in Sekundenschnelle gefriert? Nein? Dann könnt ihr aber bestimmt mit den Zähnen hören? Ihr werdet jetzt sicher denken, all dies ist doch gar nicht möglich. Natürlich möchte ich euch an dieser Stelle noch nicht zu viel verraten, aber eines ist sicher, mit Zauberei hat das nichts zu tun. Meist verstecken sich dahinter sogar ganz einfache, aber spannende naturwissenschaftliche Erklärungen.

Ein Buch über Experimente zu schreiben ist schon eine spannende Sache! Noch spannender ist es allerdings, die Versuche zum Leben zu erwecken. Da ich unmöglich alle Experimente alleine ausprobieren konnte, ohne aus meinem Haus eine kunterbunte Forscherhöhle zu machen, kam mir eine Idee: Viel schöner wäre es doch, wenn Kinder die Experimente für euch testen. Eine Experimente AG an der Schule meiner eigenen Kinder war die Lösung. Meine Zwillinge Nils und Lisa waren sofort Feuer und Flamme. Viele Klassenkameraden und Kinder aus der Parallelklasse wollten dann natürlich auch dabei sein. Und so begannen wir, jeden Dienstag den Chemiesaal des Geschwister-Scholl-Gymnasiums in Wetter zu belagern.

Zusammen mit den Schülern der fünften Klassen und einer Referendarin wurde dann experimentiert. Wir haben mit unseren fünf Sinnen die tollsten Dinge erforscht und sind dabei unglaublich schlau geworden. Habt ihr Lust, es auch zu versuchen? Dann nichts wie los!

Wir haben eine große Zahl an Experimenten ausprobiert und natürlich nur die besten in dieses Buch aufgenommen. Bei einigen Versuchen mussten wir selbst etwas probieren, bis wir die richtige Mischung hatten, zum Beispiel bei den Riesenblasen. Wenn also etwas nicht sofort klappt, lasst euch nicht entmutigen! Je nachdem, welche Produkte ihr verwendet, kann es sein, dass ihr mal einen Tropfen oder ein Gramm mehr oder weniger benötigt! Die meisten Zutaten müsst ihr nicht mal extra kaufen, denn vieles davon findet ihr sicherlich bei euch zu Hause.

Die Experimente sind alphabetisch sortiert und entsprechend unseren fünf Sinnen fünf Gruppen zugeordnet: Hören, Riechen, Schmecken, Fühlen und Beobachten. Je nach Lust und Laune könnt ihr euch aussuchen, mit welchem eurer Sinne ihr euch in die Welt der Forscher und Entdecker begeben wollt. Zu welcher Kategorie das Experiment gehört, könnt ihr leicht an dem jeweiligen Symbol erkennen.

Ihr findet vom Apfelboxkampf bis zum Zwölf-Stunden-Ei leichte , mittlere und etwas schwierigere Experimente. Bei den schwierigen Versuchen lasst ihr euch am besten von euren Eltern helfen. Die meisten Experimente könnt ihr aber problemlos auch alleine machen! Manche Versuche gehen sehr geschwind , manche brauchen ein wenig Zeit und für ein paar benötigt ihr vielleicht etwas mehr Geduld .

Mit den kleinen Forschern Christina Diensberg, Judith Klauke, Alia Neuhaus, Julia Constantin, Aileen Rosenberg, Tatjana Kork, Alina Jenke, Jonas Valtin, Kay Gregorincic, Joao Miguel Jorrinha Margues, René Hildebrand, Jakob Stockermann, Marius Schmidt, Maxi Brandstetter, Tim Blaga, Marius Boshoff, Niklas Bilic, Jonas Grossmann, Joel Schulz, Nils Landwehr, Lisa Landwehr, Lars Wollert, Henrike Kemper, Elena Wohlert und Luca Watson hatte ich sehr viel Spaß!

An dieser Stelle möchte ich mich vor allem ganz herzlich beim Schulleiter, Oberstudiendirektor Gerald Becker, und bei der Referendarin Julia Krause bedanken. Beide haben die Idee der Experimente AG sofort unterstützt!

So, und nun viel Spaß beim Experimentieren, Beobachten und Staunen!

Kerstin Landwehr

Apfelboxkampf

Ein Boxkampf ist ja schon eine spannende Geschichte! Aber hast du schon mal Obst im Ring gesehen? Du meinst so etwas gibt es nicht? Dann pass mal auf! Aber keine Sorge, der Einzige, der sich bei diesem Kampf verletzen kann, ist ein Apfel. Du solltest die Äpfel nach deinem Versuch aber schnell aufessen, denn wenn sie Beulen haben, werden sie leicht braun. Außerdem müssen Boxkampfschiedsrichter gut in Form sein, um die Streithähne wieder zu trennen. Also, iss die Äpfel schnell auf, denn sie enthalten viele gesunde Vitamine!

Mach dazu diesen Versuch

1. Nimm zwei Stühle und stelle sie so weit voneinander entfernt auf, dass du den Besenstiel ein Stückchen über die beiden Lehnen legen kannst.
2. Schneide jetzt zwei gleich lange Bänder von der Packschnur ab und knote das eine Ende an die Apfelstiele. Die anderen Enden der Schnüre knotest du dann an den Besenstiel. Die Äpfel sollten so ungefähr zwei Handbreit auseinander hängen.
3. Jetzt kannst du dich vor deine angeknoteten Äpfel knien und los geht der Kampf! Gong! Es passiert nichts? Ach so, du musst natürlich noch pusten. Und zwar ganz kräftig in der Mitte direkt zwischen den beiden Äpfeln hindurch!

Was passiert?

Wenn du zwischen den Äpfeln hindurchpustest, setzen sie sich in Bewegung und schlagen nach einer Weile gegeneinander! Du kannst noch mal pusten! Bäng! Technischer K.O. ! Hier beendest du, nachdem du den einen Apfel ausgezählt hast, den Kampf und verspeist den Verlierer.

Das steckt dahinter

Unsere gesamte Umgebung ist voller Luft, auch wenn wir sie nicht sehen. Luft wiegt auch etwas und übt daher Druck auf alle Gegenstände aus. Dieser Druck wird Luftdruck genannt, und er ist überall auf der Erde vorhanden. Bläst du nun zwischen den Äpfeln hindurch, sinkt an dieser Stelle der Luftdruck für einen Moment. Zur gleichen Zeit drückt die Luft aber von außen die Äpfel zusammen. Durch den niedrigeren Luftdruck zwischen den Äpfeln hat der äußere Luftdruck mehr Kraft. Das Gleichgewicht ist für diesen relativ kurzen Moment gestört und die Äpfel bewegen sich aufeinander zu.

Beobachten

Dazu brauchst du
1 Besenstiel
2 Stühle
2 Äpfel mit Stiel
Packschnur

Beobachten

Bakterienkultur

Louis Pasteur ist einer der größten Wissenschaftler der Geschichte und hat vor über 100 Jahren gelebt. Er entwickelte Impfstoffe gegen gefährliche Krankheiten wie die Geflügelcholera, den Milzbrand und die Tollwut. Er entdeckte auch, dass durch das Kochen oder Erhitzen von Lebensmitteln ein Großteil der darin enthaltenen Keime und Bakterien abgetötet werden. Dieses Verfahren wird daher auch Pasteurisierung genannt. Vielleicht kennst du den Begriff ja aus dem Supermarkt und hast dort schon mal pasteurisierte Milch gesehen? Das heißt, die Milch wird erhitzt, um die Keime und Bakterien abzutöten. Aber hast du eigentlich Bakterien schon mal gesehen?
Du wirst überrascht sein!

Mach dazu diesen Versuch

Wenn es bei dir zu Haus das nächste Mal Reis zu essen gibt, dann bitte deine Mutter oder deinen Vater, das Wasser aufzubewahren, in dem der Reis gekocht wurde. Du benötigst es, um in die Fußstapfen des berühmten Wissenschaftlers Pasteur zu treten und einen äußerst spannenden Versuch zu machen:

1. Gieße das noch lauwarme – aber nicht mehr sprudelnde – Kochwasser in eine Schüssel und löse darin vorsichtig die Gelatine auf. Sollte das Wasser schon kalt sein, bitte einen Erwachsenen, es nochmals etwas zu erwärmen.
2. Lasse dann ein wenig Salz in die Mischung rieseln und gib einen Löffel Fleischbrühe hinzu. Rühre mit dem Löffel nun alles so lange um, bis es sich gut aufgelöst hat. Nun hast du eine wunderbare Nährlösung um anschließend darin deine Bakterien zu züchten!
3. Gieße nun in jede deiner Plastikdosen die gleiche Menge von der Lösung. Schließe alle Deckel und lasse die Flüssigkeit abkühlen.

Dazu brauchst du
4 Plastikdosen mit Deckel
1 Schüssel
1 Esslöffel Fleischbrühe
1 Blatt Gelatine
Salz
Reiswasser

4. Wenn die Lösung abgekühlt ist, nimmst du von drei Dosen die Deckel wieder ab und stellst sie an unterschiedliche Orte. Eine Dose beispielsweise auf eine sonnige Fensterbank, eine auf den Schrank in deinem Zimmer und eine vielleicht in den Keller. Lasse die Dosen ungefähr 20 Minuten lang dort stehen.
5. Wenn die Zeit um ist, schließt du die Deckel, sammelst die Dosen wieder ein, und stellst sie alle zusammen zwei Tage an einen warmen Ort. Was wird geschehen? Lass dich überraschen!

Das steckt dahinter

Bakterien sind überall. Sie sind sehr klein und sie befinden sich in der Luft, im Wasser, auf deiner Haut und sogar im Mund. Dadurch konnten sie sich in den Dosen, die du kurz geöffnet hast, niederlassen. Als du die Dosen wieder verschlossen hast, wurden die Bakterien darin eingeschlossen. Durch die Wärme und die gute Nährlösung, die du zubereitet hast, konnten sich die Bakterien hervorragend vermehren und es sind so genannte Bakterienkulturen entstanden.

Viele Bakterien sind sehr nützlich, aber einige machen auch krank. Gegen diese hat ein ebenfalls sehr berühmter Wissenschaftler ein Medikament gefunden. Der Mann hieß Alexander Fleming und er entdeckte das Penicillin. **Achtung:** Wenn dein Experiment geglückt ist, solltest du die Dosen auf keinen Fall nochmals öffnen, da du die Bakterien sonst einatmen könntest!

Was passiert?

Wie du sehen kannst, hat sich in drei deiner Dosen eine Menge verändert. Nur in einer ist nicht passiert! Aber warum? In drei Dosen siehst du dunkle Flecken. Jeder dieser Flecken ist eine eigene Bakterienkolonie. Durch Wärme und die gute Nährlösung des Reiswassers sind ganze Bakterienkolonien gewachsen. Die einzige Dose in der keine Bakterien sind, ist die, deren Deckel nach dem Abkühlen geschlossen geblieben ist. Dort hatten die Bakterien keine Gelegenheit, sich niederzulassen und anschließend zu wachsen.

Beobachten

Ballonrakete

Stell dir vor, wir befinden uns im Jahre 9514 und du erforschst in deiner Rakete den unendlichen Weltraum. Aber weißt du eigentlich, wie eine solche Rakete funktioniert und wieso eine Rakete so weit fliegen kann? Da man niemals alleine in die Unendlichkeit fliegt, brauchst du für dieses Experiment einen Freund oder eine Freundin.

Dazu brauchst du
1 Luftballon
1 Strohhalm
1 Wäscheklammer
Tesafilm
Packschnur

Mach dazu diesen Versuch

1. Schneide dir ungefähr fünf Meter von einer Rolle Packschnur ab. Die Packschnur fädelst du jetzt durch den Strohhalm und ziehst sie ganz durch.
2. Anschließend müsst ihr für diesen Versuch einen Luftballon aufpusten. Passt aber auf, dass ihr euch dabei nicht zu sehr anstrengt! Vielleicht kann euch ja ein Erwachsener dabei helfen. Knicke nun das offene Ballonende einmal um. Nimm eine Wäscheklammer und klemme sie so fest, dass keine Luft mehr entweichen kann.
3. Legt nun den Strohhalm gerade auf den Ballon. Ein Ende des Strohhalms soll zur Wäscheklammer zeigen. Klebt nun den Strohhalm mit Tesafilm gut am Ballon fest. Dein Freund oder deine Freundin nimmt nun das eine Ende des Bandes und du das andere Ende in die Hand. Geht jetzt so weit auseinander, dass das Packband straff gespannt ist.
4. Ziehe den Ballon zu dir heran, sodass die Wäscheklammer zu dir zeigt. Zählt nun langsam von Drei rückwärts und entfernt die Wäscheklammer.

Was passiert?

In dem Moment, in dem ihr die Wäscheklammer entfernt, saust eure Ballonrakete los. Die entweichende Luft hat den Ballon angeschoben und dieser ist in die entgegengesetzte Richtung davongeflogen.

Das steckt dahinter

Der Physiker nennt das, was da gerade passiert ist Aktion = Reaktion. Übersetzt heißt das, als die Luft ganz schnell aus dem Ballon entwichen ist, hat eine Aktion stattgefunden die den Antrieb verursacht hat. Die echten Raketen funktionieren übrigens genauso. Die Rakete fliegt zum Himmel, weil der Treibstoff verbrennt und die Rakete mit enormer Kraft anschiebt. Diese Kraft nennen die Astronauten auch Schubkraft.

Baumalter

Die ältesten Bäume der Welt gibt es in Amerika, genauer gesagt in Kalifornien. Zu ihnen gehören auch die Mammutbäume. Einer davon ist der „Grizzly Giant". Er wächst im Mariposa Grove. Er ist über 2700 Jahre alt und mehr als 64 Meter hoch. Sein erster Ast allein hat einen Durchmesser von fast zwei Metern. Die gewaltigen Kiefern, die um ihn herumstehen, wirken dagegen wie dünne Stöcke. Bei uns werden die Bäume nicht so alt, aber du kannst auch hier Bäume finden, die mehrere 100 Jahre alt sind. Aber weißt du, woran du das Alter eines Baumes erkennst? Na klar, wirst du sagen, einfach die Ringe abzählen! Aber was, wenn der Baum noch nicht gefällt ist?

Mach dazu diesen Versuch

1. Suche dir einen schönen, freistehenden Baum aus, von dem du gerne das Alter erfahren möchtest.
2. Nimm ein Maßband, lege es um den Stamm des Baumes und miss den Umfang. Lies dein Ergebnis ab und schreibe es in ein Heft. Hast du beispielsweise 150 Zentimeter gemessen, musst du dieses Ergebnis nun durch fünf teilen. 150 : 5 = 30. Die 30 musst du dann nur noch verdoppeln, also 30 x 2 = 60. Und schon hast du das Alter des Baumes herausgefunden. Dein Baum wäre also 60 Jahre alt.

Was passiert?

Der Baum ist ungefähr 60 Jahre alt. Man kann davon ausgehen, dass der Umfang eines Baumes im Jahr um ungefähr 2,5 Zentimeter wächst. In 60 Jahren erreicht der Baum unter optimalen Bedingungen also einen Umfang von ungefähr 150 Zentimetern.

Das steckt dahinter

Unser Experiment setzt natürlich immer gute und gleichbleibende Verhältnisse voraus. Gibt es Jahre mit wenig Regen und großer Trockenheit, kann sich das Wachstum auch verlangsamen. Steht der Baum dicht gedrängt mit anderen Bäumen zusammen oder bekommt er wenig Licht, dann ist er zwar so alt wie sein freistehender Artgenosse, aber nicht so dick. Also ist es sinnvoll, wenn du dir für dieses Experiment einen freistehenden Baum aussuchst, der ausreichend Platz und genügend Licht hat, um groß und kräftig in den Himmel zu wachsen.

Beobachten

Dazu brauchst du
1 Maßband
1 Heft oder Zettel
Bleistift

Baumhöhe

Der älteste Baum in Deutschland ist eine Eiche. Sie steht in Mecklenburg und ist 1200 Jahre alt. Die größten Blätter hat man an einer Palme auf Madagaskar gemessen. Ein einziges Blatt ist bis zu 12 Meter lang. Die schwersten Früchte hat man an einem Jackbaum in Indien gefunden. Eine Frucht wiegt 25 Kilogramm. Die ältesten Bäume sind die Borstenkiefern aus Amerika, die über 4000 Jahre alt werden können. Findest du deinen eigenen Rekordbaum? Vielleicht den höchsten in deiner Stadt?

Dazu brauchst du
1 Zollstock
1 Baum

Mach dazu diesen Versuch

1. Diesen Versuch musst du mit einem Freund oder einer Freundin zusammen machen. Suche einen Baum aus, der dir besonders gut gefällt und von dem du die Höhe gerne messen möchtest.

2. Gehe nun von dem Baum aus 27 große Schritte zurück. Du musst wirklich große Schritte machen, die möglichst genau einen Meter lang sind. Klappe zur Probe den Zollstock auf einen Meter aus und übe die Schrittlänge vorher!
3. Wenn du die 27 Schritte getan hast, soll dein Freund oder deine Freundin den Zollstock ausgeklappt auf genau diese Stelle halten. Der Zollstock muss den Boden berühren und dann senkrecht in die Luft zeigen.
4. Du gehst jetzt noch drei Meterschritte weiter. Lege dich dann flach auf den Boden. Achtung, nicht in einen Ameisenhaufen oder in Pferdeäpfel! Also, lege dich so hin, dass du Baum und Zollstock gut im Blick hast. Blicke nun an dem Zollstock vorbei zum Baumwipfel hin. Dein Freund oder deine Freundin soll jetzt die Hand am Zollstock auf und ab bewegen – so lange, bis direkt unterhalb der Hand die Spitze des Baumes zu erkennen ist.
5. Lest den Wert auf dem Zollstock ab, an dem die Hand in dem Moment war. Zeigt der Wert zum Beispiel 90 Zentimeter an, dann ist der Baum 9 Meter hoch. Bei 120 Zentimetern ist der Baum 12 Meter hoch usw.

Was passiert?

Beim Strahlensatz steht die gemessene Länge auf dem Zollstock im Verhältnis zur Größe des Baumes.

Das steckt dahinter

Das Geheimnis heißt Strahlensatz, ist ein mathematisches Gesetz und sehr nützlich, wie du soeben bemerkt hast. Sicherlich hast du in der Schule schon davon gehört? Ein Beispiel für den Nutzen des Strahlensatzes soll auf den antiken griechischen Mathematiker Thales zurückgehen. Er soll mithilfe eines Stabes durch Messung der Schattenlänge die Höhe der Cheopspyramide gemessen haben.

Blattadern

Wenn du beim Kinderarzt zum Blutabnehmen warst, dann hast du gesehen, wie das Blut aus deiner Ader in die Spritze hineinläuft. Oder hast du weggeschaut? Natürlich nicht, oder? Du hast diese Adern nicht nur im Arm, sondern sie durchziehen deinen ganzen Körper. Da gibt es sehr dicke Adern, wie die Hauptschlagader, oder ganz feine, dünne Äderchen, zum Beispiel in deinem Auge. Aber auch Pflanzen sind von dünnen Adern durchzogen. Wenn du ein paar Blätter sammelst, kannst du sie in einem Versuch sehr gut sichtbar machen.

Mach dazu diesen Versuch

1. Wenn du mit deinen Eltern einen Spaziergang im Park oder Wald machst, dann sammle am besten ein paar schöne Blätter für diesen Versuch.
2. Nimm zu Hause ein Blatt von deinem Malblock und lege es über eines der Blätter. Streiche dann mit dem Wachsmalstift vorsichtig über das Papier.
3. Mit jedem Strich, den du machst, werden die Adern besser sichtbar. Du kannst das ganze Baumblatt auf dein Papierblatt abpausen. Du kannst auch eine richtige Blattcollage machen, indem du viele Blätter in unterschiedlichen Farben abmalst und sie auch teilweise ein wenig übereinander legst. So entstehen ganz tolle Bilder!

Was passiert?

Bäume verdunsten ständig Wasser über ihre Blätter. Dadurch entsteht ein starker Sog, der dafür sorgt, dass ständig Wasser durch die Röhren und Blattadern aus dem Boden nachgesaugt wird.

Das steckt dahinter

Die Adern im Blatt dienen, genau wie die Adern des Menschen, zur Versorgung der Zellen mit Nährstoffen. Transportiert werden die Nährstoffe mit dem Wasser, das von den Wurzeln aufgenommen und dann in alle Teile des Baumes geleitet wird. Im Stamm dienen kleine Röhren als Leitung und in den Blättern die Adern.

Beobachten

Dazu brauchst du
verschiedene Blätter
Malblock
Wachsmalstift

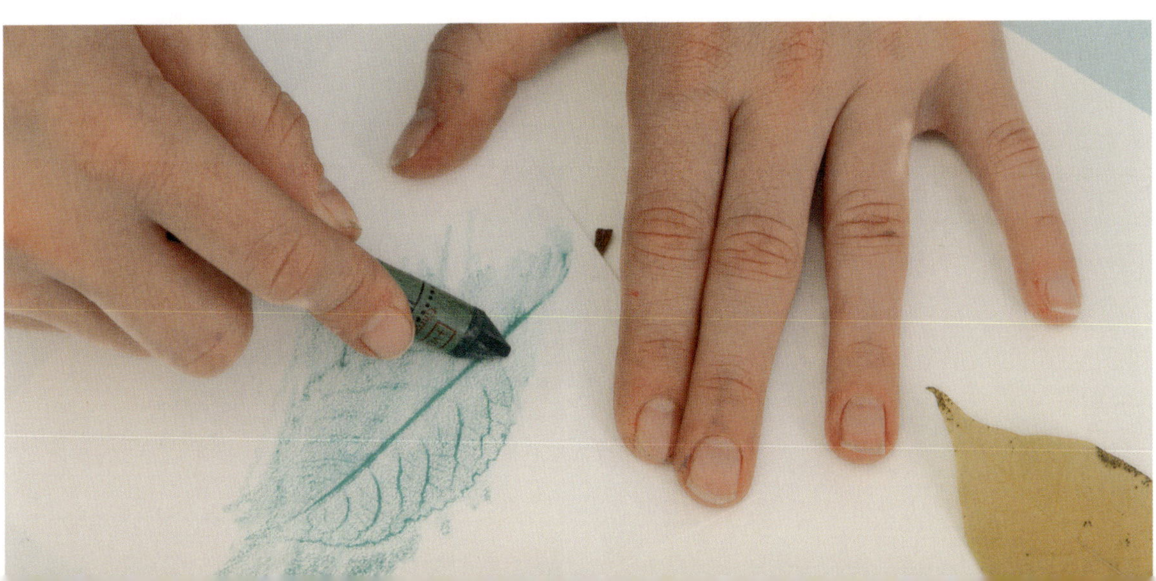

Beobachten

Blindfisch

Siehst du eigentlich gut? Oder bist du blind wie ein Maulwurf? Vielleicht gar ein Blindfisch? Aber auch den besten Augen kannst du mit einem einfachen Experiment einen interessanten und überraschenden Streich spielen! Hier erfährst du, wie:

Dazu brauchst du
1 Blatt Papier
1 schwarzen Filzstift
Lineal

Mach dazu diesen Versuch

1. Zeichne mit dem Filzstift ein Kreuz auf die rechte Seite von einem Blatt Papier.
2. Auf der gleichen Höhe misst du nun 10 Zentimeter nach links. Dorthin machst du einen Punkt.
3. Halte nun das Blatt Papier vor dein Gesicht und schließe das rechte Auge. Das Kreuz soll genau vor deinem offenen linken Auge sein! Blicke einfach ganz starr auf das Kreuz.
4. Jetzt bewege das Blatt Papier langsam von deinem Gesicht fort. Aber du musst daran denken, das rechte Auge dabei immer geschlossen zu halten, sonst funktioniert das Experiment nicht. Na, schon gesehen, was passiert?

Was passiert?

Der kleine Punkt, den du noch sehen konntest, verschwindet auf einmal. Probiere, ob dein anderes Auge genauso „blind" ist. Du wirst sehen, dieses Experiment funktioniert auf beiden Seiten.

Zugegeben, das war ein ziemlich gemeiner Trick. Bei einem Abstand von ungefähr 30 Zentimetern war der Punkt plötzlich verschwunden. Das liegt natürlich keineswegs daran, dass du schlechte Augen hast! Das ist normal und auch vollkommen unbedenklich.

Das steckt dahinter

In jedem Augapfel gibt es einen kleinen Bereich, mit dem du nicht sehen kannst. An dieser kleinen Stelle im Auge treten Sehnervenfasern aus der Netzhaut aus. Dort ist der so genannte blinde Fleck. Normalerweise wird diese Stelle von dem zweiten Auge ausgeglichen. Aber du hattest ja das andere Auge geschlossen. Wenn du mit beiden Augen siehst, fällt dir der blinde Fleck gar nicht auf. Bemerken kannst du ihn nur wenn ein Auge ausfällt.

Blitzeis

Mit diesem Experiment kannst du auch auf einer Geburtstagsparty alle Gäste zum Staunen bringen. Und alles, was du dazu brauchst, ist eine Mineralwasserflasche und einen Gefrierschrank.

Mach dazu diesen Versuch

1. Nimm eine neue und vor allem noch ungeöffnete Mineralwasserflasche und lege sie in den Gefrierschrank. Jetzt musst du so ungefähr drei oder vier Stunden abwarten, bis das Wasser richtig gekühlt ist.
2. Du solltest ein oder zwei Mal in der Stunde an dem Gefrierschrank vorbeischauen und die Mineralwasserflasche überprüfen! Wichtig ist nämlich, dass das Wasser in der Flasche nicht gefriert! Dies kann manchmal passieren, wenn die Temperatur im Gefrierfach zu niedrig eingestellt ist. Das Wasser muss nur richtig gut durchgekühlt sein.
3. Nun kommt dein große Auftritt! Jetzt muss alles sehr schnell gehen. Nimm die Flasche aus dem Gefrierschrank und öffne sie sofort vor den um dich herum versammelten und neugierigen Gästen. Lass deine Gäste am besten vorher raten, was passiert. Du wirst sehen, der Applaus ist dir sicher!

Was passiert?

Du öffnest eine vollkommen harmlos aussehende Mineralwasserflasche und in Sekundenschnelle gefriert das Wasser in der Flasche zu Eis. Ist hier schwarze Magie am Werk? Ganz und gar nicht! Die Flasche friert von oben nach unten zu. Und das in affenartiger Geschwindigkeit.

Das steckt dahinter

In deiner Mineralwasserflasche herrschte durch die Kohlensäure Überdruck. Dadurch steht auch das Wasser in der Mineralwasserflasche unter einem erhöhten Druck. Dies kannst du beispielsweise daran erkennen, dass die Flaschen immer zischen, wenn du sie öffnest. Die Mineralwasserflasche aus dem Eisfach hat eine Temperatur, die unter 0 Grad ist. Das Wasser konnte aber wegen des erhöhten Drucks noch nicht gefrieren. Denn Wasser, das unter einem solchen Überdruck steht, gefriert erst bei Temperaturen, die einiges unter 0 Grad Celsius liegen (dazu müsstest du deine Flasche aber noch länger kühlen). In dem Moment, in dem du die Flasche öffnest, entweicht der Druck und du hast Blitzeis!

Umgekehrt taut Eis aber auch unter Druck sehr schnell auf. Die Schlittschuhläufer fahren, wenn du genau hinsiehst, nicht auf Eis, sondern auf einer ganz dünnen Wasserschicht. Die Kufen drücken das Eis durch das Gewicht des Läufers mit solcher Kraft zusammen, dass sich dieser Wasserfilm bildet.

Beobachten

Dazu brauchst du
1 neue Mineralwasserflasche mit viel Kohlensäure
Gefrierschrank

Beobachten

Blumenschweiß

Stell dir vor, es ist draußen 30 Grad warm, du liegst auf der Wiese im Freibad und schwitzt. Ab, zurück ins Wasser! Das ist der einzige Ort, wo du es im Moment aushältst. Als du dich gerade abkühlst, siehst du neben dir am Beckenrand eine kleine Topfblume. Natürlich hast du noch nie einen Gedanken daran verschwendet, ob Blumen auch gerne mit einem Hechtsprung ins Wasser platschen würden. Natürlich wirst du jetzt auch sagen, Topfblumen haben im Freibad nichts zu suchen und außerdem können Pflanzen nicht schwitzen. Alles nur Blödsinn! Aber bist du dir da wirklich sicher? Denk mal darüber nach!

Dazu brauchst du
1 Topfblume mit vielen grünen Blättern
Gießkanne
Wasser
Plastiktüte
Packschnur
Schere

Mach dazu diesen Versuch

Warte einen wirklich sehr heißen Tag ab, dann funktioniert das Experiment besonders gut!

1. Gieße deine Blume, bis die Erde feucht ist.
2. Suche dir nun einen Zweig an der Topfblume aus und stülpe die Plastiktüte über ihn und seine Blätter. Falls du eine winzig kleine Topfpflanze hast, dann packe einfach die ganze Pflanze in die Tüte ein. Binde die Tüte mit der Packschnur gut zu. Wenn du die ganze Pflanze verpackst, verschnüre sie über der Erde.
3. Dann stelle deine Blume an ein sonniges Plätzchen und beobachte sie.

Was passiert?

Nach einigen Stunden haben sich Wassertröpfchen an der Innenseite der Tüte gebildet. Deine Blume schwitzt. Leider kannst sie nicht wie du schwimmen gehen, aber du kannst ihr mit einer Gießkanne und einem Schwall Wasser über die Blätter gut helfen! Nach ein oder zwei Tage musst du die Tüte aber spätestens von deiner Pflanze entfernen, damit sie wieder Luft bekommt.

Das steckt dahinter

Die Blätter haben sehr kleine, feine Öffnungen. Durch diese Öffnungen kann das Wasser aus der Pflanze ins Freie gelangen. Dort verdunstet das Wasser dann in der Sonne. Pflanzen schwitzen also über ihre Blätter. Je wärmer es ist, desto mehr Feuchtigkeit geben sie ab. An einem wirklich heißen Sommertag kann ein Baum auf diese Art hunderte von Litern Wasser ausschwitzen. Dies ist sehr wichtig für den Baum, denn nur so ist es möglich, dass das Wasser, das er aufnimmt, auch bis in die Krone gelangt.

Bohnenkeimlinge

Beobachten

Pflanzen brauchen Licht, am besten viel Sonnenlicht, um zu leben. Aber auch die Menschen benötigen Licht zum Leben. Im Winter wird es ja oft gar nicht richtig hell und dann helfen sich viele Menschen damit, ins Solarium zu gehen. Was, glaubst du, aber tun Pflanzen alles, um ans Licht zu kommen?

Mach dazu diesen Versuch

1. Nimm eine der drei Filmdosen und bohre mit dem Schraubenzieher seitlich zwei Löcher hinein.
2. Dann füllst du in alle drei Filmdosen ein wenig Erde und steckst einige Bohnensamen hinein. Begieße die Bohnensamen ab jetzt regelmäßig mit ein wenig Wasser.
3. Die erste Filmdose lässt du offen auf der Fensterbank stehen. Die zweite verschließt du mit dem Deckel und stellst sie daneben. Die dritte Filmdose, die mit den gebohrten Löchern, verschließt du ebenfalls und stellst sie auch auf die Fensterbank.
4. Begieße deine Bohnensamen nun jeden Tag mit Wasser und beobachte sie. Aber vorsichtig beim Gießen, denn die Bohnensamen sollen nicht im Wasser schwimmen, sondern nur in leicht feuchter Erde liegen! Nach einigen Tagen kannst du beobachten, was passiert.

Was passiert?

Nach einigen Tagen keimen die Bohnenkerne und wachsen. In der offenen Filmdose recken sich die Bohnen gerade nach oben. In der gelöcherten Dose haben die Bohnenkeimlinge den Weg nach draußen gefunden. Sie wachsen aus den Löchern heraus, dem Licht entgegen. In der verschlossenen Dose dagegen hat sich kaum etwas getan, es sind keine Keimlinge gewachsen.

Das steckt dahinter

Die Pflanzen benötigen die Sonne um mithilfe eines grünen Farbstoffs in ihren Blättern, das Blattgrün oder auch Chlorophyll genannt wird, den für sie lebensnotwendigen Traubenzucker herzustellen. Für den Menschen bleibt bei diesem Vorgang, der Fotosynthese genannt wird, etwas übrig: der Sauerstoff, der dabei frei wird.

Dazu brauchst du
3 leere Filmdosen
Bohnensamen
Wasser
Erde
Schraubenzieher

Beobachten

Brausepulverflasche

Einen Luftballon mit dem Mund aufblasen, dass kann ja jeder! Aber hast du mal versucht, einen Luftballon mit einer Flasche aufzublasen? Besser gesagt: den Luftballon sogar von der Flasche aufblasen zu lassen? Du stehst einfach nur daneben und siehst zu, wie der Ballon immer größer wird. Toll, nicht war?

Dazu brauchst du
1 leere Plastikflasche
Wasser
1 Luftballon
2 Tüten Brausepulver oder 2 Vitamintabletten

Mach dazu diesen Versuch

1. Fülle eine leere Plastikflasche bis zum Anfang des Flaschenhalses mit Wasser.
2. Dann nimmst du die Tüten mit dem Brausepulver und kippst sie in die Flasche mit dem Wasser hinein. Wenn du Vitamintabletten benutzt, dann zerbrösele sie vorher ein wenig und lasse sie anschließend in die Flasche plumpsen.
3. So, jetzt musst du dich aber beeilen! Stülpe den Ballon blitzartig über den Flaschenhals, sodass keine Luft aus der Flasche entweichen kann. Halte den Ballon aber gut fest, damit er nicht wieder von der Flasche abrutschen kann. Nun pass gut auf, was passiert!

Was passiert?

Der Ballon wird ohne dein Zutun langsam größer! Die Brause oder die Vitamintabletten lösen sich in dem Wasser auf. Der Ballon, der über den Flaschenhals gestülpt ist, bläst sich dadurch auf. Naja, ein Riesenballon wird nicht aus ihm werden, aber zumindest sparst du dir eine Menge Puste.

Das steckt dahinter

Beim Auflösen des Brausepulvers oder der Vitamintabletten entsteht Kohlendioxid. Das Kohlendioxid steigt in der Flasche auf. Da es nicht in die Luft entweichen kann, weil der Ballon ja den Ausgang verstopft, wandert das Kohlendioxid in den Luftballon und bläst ihn dadurch auf.

Dampfschiff

Tuuut, bereit zur Abfahrt! Achtung, Bahn frei für das Ei mit Düsenantrieb. Zwar wurde ein solches Gefährt noch nie auf den großen Weltmeeren gesehen, aber bei dir zu Hause ist der geeignete Platz für diese unglaubliche und faszinierende Konstruktion.

Mach dazu diesen Versuch

1. Stich zwei kleine Löcher in dein Ei. Dann puste an der einen Seite vorsichtig durch das Loch in das Ei hinein. Halte es dabei über ein Schälchen und fange den Inhalt des Eis auf. So kann deine Mutter das ausgepustete Eigelb und Eiweiß noch verwenden – vielleicht für leckere Pfannkuchen? Eier ausblasen ist ziemlich anstrengend und schwierig. Wenn du es noch nie vorher gemacht hast, kannst du aber auch einen Erwachsenen um Hilfe bitten!
2. Wenn dein Ei leer ist, verschließt du eines der beiden Löcher gut mit etwas Knete, sodass keine Luft mehr durchkommt.
3. Nimm nun das Holzbrettchen und schlage die vier Nägel so hinein, dass in die Mitte gerade noch das Teelicht passt und du später auf die vier Nägel das Ei legen kannst.
4. Fülle durch das offene Loch etwas Wasser in das Ei. Bitte nun ein Elternteil, dir das Teelicht zwischen den Nägeln anzuzünden. Danach lege das Ei auf die Nägel über das entzündete Teelicht.
5. Fülle die Schüssel mit Wasser. Setze jetzt dein Eierschiff vorsichtig auf das Wasser und achtet darauf, dass die Kerze nicht ausgeht. Mit ein wenig Geduld kannst du gleich etwas Spannendes beobachten!

Was passiert?

Ein wenig Geduld brauchst du für diesen Versuch schon, da es ein paar Minuten dauert, bis es so weit ist. Aber dann setzt sich dein Schiff in Bewegung. Also Achtung und aus dem Weg!

Das steckt dahinter

Das Teelicht erwärmt das Wasser im Ei und es beginnt zu kochen. Dabei verdampft das Wasser und entweicht durch das hintere Loch im Ei. Der Wasserdampf, der durch das offene Loch entweicht, treibt das Ei und das Brettchen an. Dein Schiff fährt!

Beobachten

Dazu brauchst du

1 Ei
Eierstecher
4 Nägel
Holzbrettchen
Teelicht
Feuerzeug
Knete
Schälchen
Hammer
große Schüssel
Wasser

Beobachten

Diaprojektor

Urlaubsfotos sind eine tolle Sache! Du sitzt in einem riesigen Sandberg und baust gerade die größte Burg am Strand, die natürlich über und über mit Muscheln verziert ist. Dieser Moment muss für die Nachwelt festgehalten werden! Schade nur, dass die Fotos so klein sind. Wenn der Film nach dem Urlaub zum Entwickeln gebracht wird, dann überrede doch deine Eltern, extra noch einige Dias für dieses Experiment machen zu lassen. Die kannst du dann mit deinem selbstgebauten Diaprojektor sozusagen an die Wand „schmeißen"! Übrigens kann man auch von digitalen Fotografien Dias machen lassen!

Dazu brauchst du

Butterbrotpapier
Pappe
Klebeband
Draht
Holzleiste
Schere
Lupe
Dias
Taschenlampe
1 dickes Gummiband

Mach dazu diesen Versuch

1. Klebe das Butterbrotpapier vor das Glas deiner Taschenlampe. Achte darauf, dass die Lampe vorne gut abgedeckt ist und kein Lichtstrahl mehr am Butterbrotpapier vorbei strahlt. Klebe dann die Seiten des Butterbrotpapiers vorsichtig an der Taschenlampe fest.
2. Zeichne nun ein Quadrat in der Größe der Dias auf die Pappe. Male um das Quadrat einen zweiten Rahmen, der an jeder Seite nochmals mindestens 7 Zentimeter größer ist. Diesen zusätzlichen Rand benötigst du später, um ihn an der Taschenlampe zu befestigen. Schneide das Ganze nun aus. Damit du den Rahmen gut umknicken und ihn dann über die Taschenlampe stecken kannst, musst du den äußeren Rand noch diagonal einschneiden.
3. Die Taschenlampe mit dem Butterbrotpapier kannst du jetzt mit einem Gummiband am Ende der Holzleiste befestigen.
4. Bring die Lupe mit Draht oder Klebeband vor dem Dia an der Taschenlampe an. Wie weit die Lupe von der Lampe entfernt sein soll, musst du ausprobieren, denn es hängt

von der Brennweite der Linse ab, wie weit die Lupe von der Taschenlampe entfernt sein sollte.

5. Dein selbst gebauter Diaprojektor ist jetzt startklar! Du kannst dir nun einen Raum mit einer weißen Wand suchen und ihn verdunkeln. Stecke nun das Dia kopfüber in die Halterung, die du gebaut hast. Lampe an und Bild ab! Wenn du die Entfernung von deinem Diaprojektor zur Wand änderst, kannst du damit auch die Größe deines Bildes an der Wand verändern.

Was passiert?

Während die Lichtstrahlen der Taschenlampe durch die Lupe fallen, wird oben und unten und rechts und links vertauscht. Daher musst du das Dia verkehrt herum einsetzen, um anschließend das komplette Bild richtig herum auf der Wand zu sehen.

Das steckt dahinter

Der Diaprojektor vergrößert das Dia und wirft es auf die Projektionsfläche. In deinem Fall fällt das Licht durch das Dia und die Lupe auf die weiße Wand. Im Grunde funktioniert deine Konstruktion auf die gleiche Weise wie ein herkömmliches Gerät.

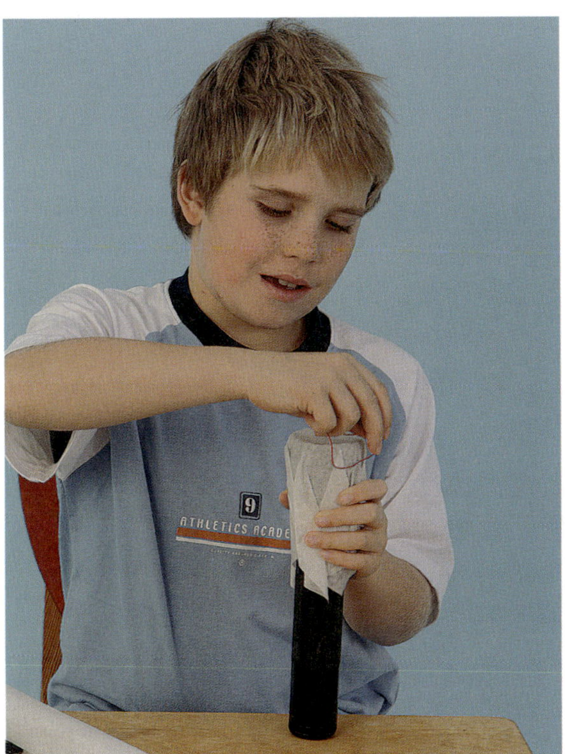

Doppelnase

Hast du schon mal einen Hund mit acht Beinen gesehen oder ein Kamel mit vier Höckern? Nein? Na, dann aber doch sicher eine neunschwänzige Katze oder einen zwölfköpfigen Drachen? Auch nicht! Wie, das gibt es gar nicht! Hmm, wie kommt es denn dann eigentlich, dass du zwei Nasen im Gesicht hast? Das glaubst du nicht?

Dazu brauchst du
deine Nase(n)
deine Finger

Mach dazu diesen Versuch

1. Überkreuze deinen Zeigefinger und deinen Mittelfinger. Vorsichtig! Mache keine Knoten, die du nicht wieder aufbekommst.
2. Schließe nun deine Augen und fahre mit den überkreuzten Fingern seitlich über deine Nase. Fahre einige Male die Nase herauf und wieder herunter. Na, was sage ich? Du hast zwei Nasen in deinem Gesicht! Habe aber keine Angst, wenn du in den Spiegel siehst, wirst du nur eine Nase in deinem Gesicht finden! Dieses Experiment ist nämlich nur ein ganz gemeiner Trick!

Was passiert?

Dadurch dass du deine Finger überkreuzt hast, hast du dein Gehirn ausgetrickst. Dein Gehirn kann die überkreuzten Finger nicht registrieren und meldet dir daher zwei Nasen im Gesicht.

Das steckt dahinter

Dieses Experiment hat dir gezeigt, wie leicht sich deine Sinne täuschen lassen. Du hast nach kurzer Zeit wirklich geglaubt, zwei Nasen in deinem Gesicht zu spüren. Dein Gehirn hat dir einen Streich gespielt. Wenn du dir mit nicht überkreuzten Fingern über deine Nase fährst, dann meldet dir dein Gehirn auch nur eine Nase!

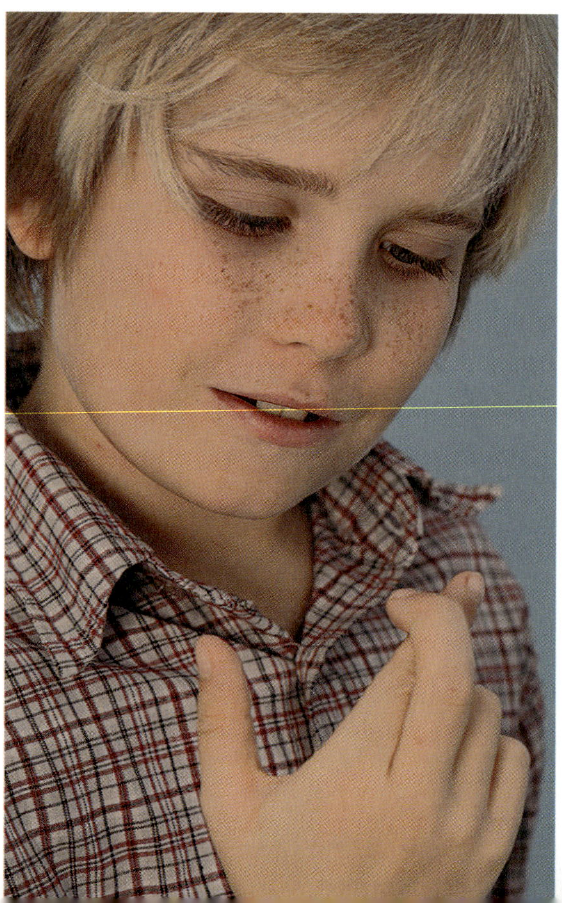

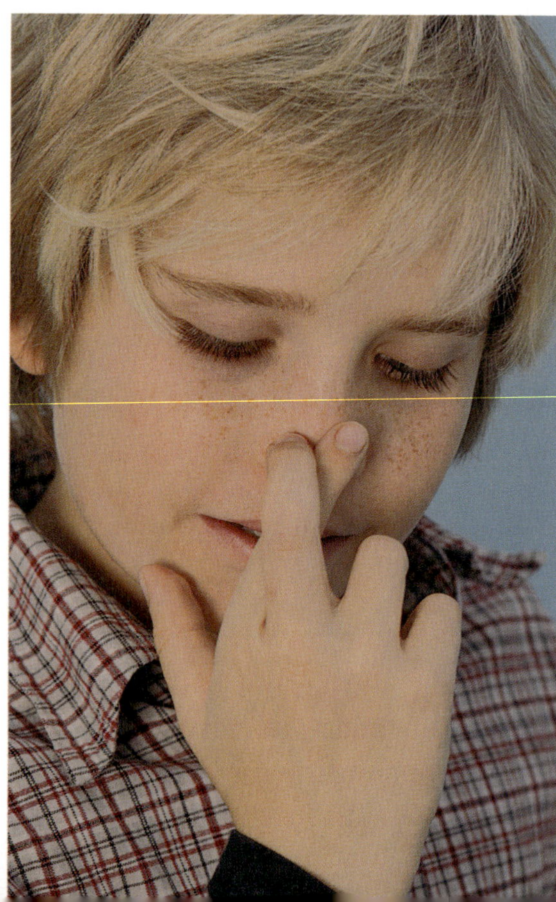

Dosentelefon

Hören

Diesen Versuch machst du am besten mit einem Freund oder einer Freundin. Anschließend könnt ihr dann mit dem selbst gebauten Telefon miteinander reden. Das Tollste an der Sache ist: Für euere Telefongespräche bekommt ihr ganz sicher keine Telefonrechnung geschickt!

Mach dazu diesen Versuch

1. Nimm eine der leeren Dosen und setze den Nagel in der Mitte des Dosenbodens an. Schlage mit dem Hammer so lange vorsichtig auf den Nagel, bis ein Loch im Dosenboden entsteht.
2. Jetzt nimm dir die zweite Dose vor und versieh sie ebenfalls mit einem Loch in der Mitte des Dosenbodens.
3. Durch die Löcher im Boden der Dosen steckst du jetzt jeweils ein Ende deiner Schnur. Mache in der Dose einen schönen dicken Knoten, der nicht mehr durch das Loch hinausrutschen kann.
4. Nun kannst du deinem Freund oder deiner Freundin eine Dose in die Hand geben. Die andere Dose nimmst du selbst. Geht so weit auseinander, bis die Schnur zwischen den Dosen straff gespannt ist. Einer von euch hält nun die Dose ans Ohr und der andere spricht in seine Dose hinein. Nachricht angekommen?

Was passiert?

Sprichst du in die eine Dose hinein, hört man das Gesprochene in der anderen Dose, solange die Schnur gespannt ist. Du kannst die Stimme deines Freundes oder deiner Freundin fast so deutlich hören wie durch ein richtiges Telefon. Aber eben nur so lange, wie die Schnur zwischen eueren Dosen fest gespannt ist! Lässt die Spannung nach, könnt ihr euch auch nicht mehr hören.

Das steckt dahinter

Der Boden der Dose, in die du sprichst, wird durch die Schallwellen deiner Stimme in ganz leichte Schwingung versetzt. Über die gespannte Schnur setzt sich diese Schwingung bis zum Boden der anderen Dose fort. Dort angekommen werden die Schwingungen wieder in „Sprache“ zurückverwandelt und du kannst sie in der Dose hören.

Dazu brauchst du

2 saubere, leere Blechdosen ohne Deckel
1 Nagel
Hammer
10 Meter dünne Schnur (Packschnur)

Beobachten

Drachen

Im Sommer am Strand einen Drachen steigen zu lassen, was gibt es Schöneres? Vor allem wenn der Drachen auch noch selber gemacht ist. Denn kaufen, dass kann ja jeder!

Mach dazu diesen Versuch

1. Lege das Papierquadrat vor dir auf den Tisch und falte es einmal diagonal in der Mitte. Du hast jetzt ein Dreieck.
2. Klappe es wieder auseinander und Lege das Papierquadrat so vor dich hin, dass der Knick und eine Spitze des Quadrates nach unten zu dir hin zeigen.
3. Jetzt nimmst du die rechte Ecke und faltest sie an den Knick an. Das Gleiche machst du mit der linken Ecke. Klebe die umgeknickten Seiten an. Fertig ist der Körper deines Drachens.
4. Wenn er getrocknet ist, kannst du ihm mit Filzstiften ein lustiges Gesicht malen. Für den Schwanz drehst du aus dem Krepppapier kleine Schleifen, die du dann an der Packschnur festknotest.
5. Am unteren Ende deines Drachen stichst du mit der Schere vorsichtig ein Loch hinein. Dann kannst du den fertigen Drachenschwanz anknoten. An den Ecken rechts und links bohrst du ebenfalls kleine Löcher hinein.
6. In jedes Loch knotest du ein Stück Packschnur hinein. Beide Schnüre müssen dann noch in der Mitte des Drachens verknotet werden. An diesen Punkt wird anschließend die lange Drachenschnur angeknotet. Wie lang du sie machst, musst du dir überlegen. Schau mal nach, wie viel Schnur noch übrig ist.

Dazu brauchst du
quadratisches Faltpapier
Packschnur
Krepppapier
Schere
Kleber
Filzstifte

7. Jetzt noch ein wenig Wind und hui, los geht es! Du musst dich in den Wind stellen, um den Drachen steigen zu lassen. Falls er sich nur im Kreis dreht, verlängere die Schnur, und wenn er nicht hochsteigen will, verkürzt du sie einfach. Bevor du aber den Drachen überhaupt steigen lässt, gucke dich sehr gut um! Es dürfen keine elektrischen Oberleitungen in der Nähe sein. Der Stromschlag kann dich töten!

Was passiert?

Der Wind wird unter dem Drachen zusammengepresst und nach unten abgelenkt. Dadurch steigt der Drachen hoch in die Lüfte.

Das steckt dahinter

Damit dein Drachen auch wirklich hoch steigt, muss er ein wenig schräg stehen. So kann der Wind unter den Drachen wehen und ihn mit sich fort tragen. Die ersten Drachen wurden vor mehr als 2000 Jahren in China erfunden. Sie werden noch heute bei religiösen Feiern in die Lüfte geschickt. Die Drachen wurden aber auch zu wissenschaftlichen Zwecken benutzt. Man hat zum Beispiel in unterschiedlichen Höhen Temperaturen mit ihrer Hilfe messen können. Benjamin Franklin hat mithilfe des Drachens den Blitzableiter erfunden. Er kam auf die Idee, einen Drachen mit einer Leitung, die Elektrizität leitet, steigen zu lassen. Er ging in einer stürmischen Nacht hinaus und ließ den Drachen steigen, bis er auf der Höhe der Wolken war. Als ein Blitz in den Drachen einschlug, bemerkte er durch die Erwärmung der Leitung, dass die Elektrizität geleitet wurde und Blitze elektrisch geladen sind. Mit diesem Wissen entwickelte er etwas, das die Spannung des Blitzes in die Erde ableiten konnte, ohne dass den Häusern etwas passierte. Er nannte diese Erfindung Blitzableiter.

Beobachten

Eiertanz

Dass du nicht durch die Luft fliegst, sondern mit deinen Beinen auf dem Boden stehst, hat einen Grund: die Schwerkraft. Die zieht dich an die Erde heran. Ohne diese Anziehungskraft würden wir von der Erde herunterfallen, unsere Meere würden auslaufen und die Fische fliegen. Und wie das bei fast allen Dingen ist, gibt es natürlich auch das passende Gegenstück dazu: den Auftrieb.

Dazu brauchst du
1 hohes Glas
1 frisches Ei
4 Esslöffel Salz
Wasser

Mach dazu diesen Versuch

1. Fülle ein hohes Glas zur Hälfte mit Wasser.
2. Lasse nun das Ei vorsichtig in das Wasser gleiten. Was passiert? Das Ei geht natürlich unter.
3. Nimm das Ei nun wieder aus dem Glas heraus. Gib nun das Salz in das Wasser und rühre mit einem Löffel so lange um, bis es sich ganz aufgelöst hat.
4. Nun lege das Ei wieder zurück in das Glas. Was kannst du beobachten?

Was passiert?

Wenn du das Ei wieder in das Glas mit dem Salzwasser legst, tanzt es lustig an der Wasseroberfläche herum und denkt gar nicht daran unterzugehen. Es schwimmt, und das sogar ganz ohne Schwimmhilfe. Durch den größeren Auftrieb des Salzwassers kann das Ei nicht untergehen.

Das steckt dahinter

Das Salzwasser hat einen viel größeren Auftrieb als Süßwasser. Das Ei versinkt in dem normalen Wasser, dem Süßwasser, während es im Salzwasser schwimmt. Man kann in einem See zwar wunderbar schwimmen, aber leichter ist es im Meer. Je salziger das Meer, umso besser geht es. Das Tote Meer (bei Israel und Jordanien) ist so salzig, dass man sogar ohne Schwimmbewegungen an der Wasseroberfläche bleibt. Im Süßwasser herrscht kein so großer Auftrieb, daher würden wir dort ohne Schwimmbewegungen untergehen – genauso wie das Ei.

Eitrick

Zwischen den Sternen, der Sonne und dem Mond, weit draußen im Weltall, was ist da eigentlich? Luft, sagst du jetzt? Leider falsch! Denn im Weltraum ist ein Vakuum. Das heißt ein materiefreier Raum. Materiefrei heißt, dass da nichts ist. Gar nichts. Auch keine Luft. Man kann auf der Erde ein solches Vakuum künstlich schaffen. Das ist dann zwar nicht ganz so wie das im Weltraum, aber für einen tollen Versuch reicht es aus!

Mach dazu diesen Versuch

1. Bitte einen Erwachsenen, dir ein Ei zu kochen. Lass das hart gekochte Ei auskühlen und pelle es anschließend.
2. Koche dann Wasser im Wasserkocher und fülle es in die Flasche. Dabei solltest du einen Trichter verwenden oder dir helfen lassen! Die Flasche sollte bis zum Flaschenhals gefüllt sein. Beim Einfüllen musst du vorsichtig sein, damit die Flasche nicht platzt und du dich nicht verbrühst.
3. Schwenke nun die Flasche am Hals ein wenig hin und her. Vorsichtig, die Flasche wird durch das Wasser sehr schnell heiß!
4. Nun lege schnell das gepellte Ei als Verschluss auf die Flaschenöffnung und beobachte das Ei genau. Was jetzt passiert, ist so komisch, dass du deinen Augen wahrscheinlich zuerst nicht trauen wirst!

Was passiert?

Das dicke Ei rutscht nun durch den schmalen Flaschenhals durch. Das Ei wird einerseits vom Vakuum der Flasche hineingezogen, andererseits hilft der höhere Luftdruck von außen mit. Das Ei wird also gleichzeitig in die Flasche gezogen und geschoben.

Das steckt dahinter

Sobald das Wasser in der Flasche ein wenig abgekühlt ist, „rutscht" das Ei in die Flasche. Das liegt daran, dass das heiße Wasser mehr Platz benötigt, als das abgekühlte Wasser. Sobald das Wasser abkühlt, entsteht nach und nach mehr Raum, also Platz in der Flasche. Von außen kann keine Luft eindringen, um den Raum zu füllen. Das Ei verschließt ja den Weg dafür. Es entsteht also ein Vakuum, das das Ei von außen nach innen in die Flasche zieht.

Beobachten

Dazu brauchst du
1 hart gekochtes Ei
1 leere Flasche mit einer großen Öffnung
1 Trichter
Wasser

Beobachten

Entenfedern

Kennst du irgendwo in deiner Nähe einen See? Gibt es dort Enten? Hast du dir die Enten schon einmal genau angesehen und dich vielleicht auch gefragt, warum sie schwimmen? So eine Ente ist ja ziemlich schwer. Fast so schwer wie ein Ziegelstein. Eigentlich müsste sie mit einem Plumps im Wasser versinken. Tut sie aber nicht! Warum eigentlich?

Dazu brauchst du
1 Schüssel
Wasser
2 Federn
Spülmittel
3 Esslöffel Öl

Mach dazu diesen Versuch

1. Fülle eine Schüssel zur Hälfte mit Wasser. Nimm dann eine Feder und tauche sie ins Wasser ein. Es ist übrigens nicht schlimm, wenn du keine Entenfedern gefunden hast. Das Experiment funktioniert auch mit anderen Vogelfedern!
2. Ziehe die Feder wieder aus dem Wasser heraus. Was siehst du? Die Feder ist so gut wie trocken. Die wenigen Wassertropfen die noch an der Feder kleben, kannst du ganz leicht abschütteln. Sicherlich hast du am See auch schon mal beobachtet, dass das Wasser an den Enten einfach abperlt und die Ente scheinbar fast gar nicht nass wird.
3. Nimm nun deine Schüssel und gib einige Tropfen Spülmittel in das Wasser. Wenn du jetzt die Feder in die Schüssel tauchst, wirst du den Unterschied sofort sehen.
4. Nun musst du deine Schüssel gründlich sauber machen und sie dann wieder zur Hälfte mit Wasser füllen. In das Wasser gibst du etwas Öl. Dabei ist es egal, ob du Olivenöl, Sonnenblumenöl oder Distelöl benutzt. Tauche dann deine zweite Feder in die Schüssel. Was passiert nun?

Was passiert?

Wenn du die Feder durch das Spülwasser ziehst und dann herausnimmst, bleibt sie ganz nass. Die Feder kommt dir viel schwerer vor und in den feinen, ganz kleinen Federn klebt das Wasser so richtig fest. Wenn du die Feder durch das Wasser mit Öl ziehst ist sie ebenfalls schwer und Öl und Wasser kleben an deiner Feder. Sowohl durch Öl als auch durch Spülmittel geht die natürliche Schutzfunktion der Federn verloren. Die Federn saugen sich mit Wasser voll. Die Ente oder jeder andere Wasservogel kann dadurch nicht mehr auf der Wasseroberfläche schwimmen und muss dann ertrinken oder erfrieren.

Das steckt dahinter

Zwischen dem Gefieder der Enten befindet sich ganz viel Luft. Ähnlich wie mit einem Schwimmring ausgestattet, treibt die Ente auf ihrem Luftkissen über das Wasser und kann so nicht untergehen. Wenn nun Öl in das Wasser gerät, bildet sich für alle Wasservögel sozusagen ein schädlicher „Teppich" auf der Oberfläche des Wassers. Das Öl schwimmt auf der Wasseroberfläche, denn es kann sich nicht mit dem Wasser vermischen. Dieses Öl dringt aber sehr leicht in das Gefieder der Enten ein. Die Federn verkleben und werden klatschnass. Wenn du einmal von einer Ölpest gehört hast, bei der ein Tankschiff viel Öl im Meer verloren hat, dann weißt du jetzt auch, warum bei einer solchen Ölpest so viele Seevögel sterben müssen. Dennoch benutzen die Enten ein spezielles, selbst produziertes Öl, um ihr Gefieder zu schützen. Eine besondere Drüse stellt dieses Öl her und die Enten fetten damit regelmäßig ihr Gefieder ein. Du hast vielleicht mal beobachtet, wie die Enten immer wieder ihre Federn durch den Schnabel ziehen?

Bei Spülmittelwasser verringert sich die Oberflächenspannung (siehe Spüliwasser) des Wassers. Dieses Wasser dringt dadurch schnell in die Entenfedern ein und durchnässt die Ente komplett. Der Luftkisseneffekt geht verloren. Die Ente wird sehr schwer und könnte ertrinken. Da das Gefieder nicht trocknen kann, würde die Ente erfrieren, falls sie nicht vorher im Wasser versinkt.

Beobachten

Fallschirm

Sie stürzen sich aus Flugzeugen in über 3000 Metern Höhe in die Tiefe, schweben sekundenlang im freien Fall durch die Luft, bevor sich der Fallschirm öffnet und die rasante Talfahrt stoppt. Die ersten Entwürfe eines Fallschirms hat vor fast 500 Jahren Leonardo da Vinci gemacht. Heute kannst du dir einen kleinen Fallschirm für ein Plastikmännchen bauen. Aber nur für ein Plastikmännchen! Nicht dass du auf die Idee kommst, an einer Mülltüte baumelnd vom Dach eures Hauses zu springen! Das funktioniert nicht! Es ist sogar so gefährlich, dass du deine Knochen vorher durchnummerieren musst,

Dazu brauchst du
Packschnur
Zollstock
Schere
1 Filzstift
Nadel
1 Müllbeutel
1 Gummiband
1 Plastikmännchen

wenn dich danach noch jemand wieder zusammenbauen soll. Also vergiss es! Aber der Flug deines Plastikmännchens wird dir genauso viel Spaß machen.

Mach dazu diesen Versuch

1. Schneide von der Rolle Packschnur acht gleich lange Stücke ab. Jedes soll 40 Zentimeter lang sein. Das kannst du mit dem Zollstock nachmessen.
2. Dann schneidest du noch ein Stück von 20 Zentimetern ab. Mache an dem Ende des 20 Zentimeter langen Stückes eine kleine Schlaufe. In die Schlaufe steckst du deinen Filzstift hinein.
3. Schneide den Müllbeutel auseinander. Du hast jetzt ein großes Stück vor dir liegen. In der Mitte hältst du das Ende der Filzstiftschnur mit dem Daumen fest. Ziehe die Schnur stramm und zeichne mit dem Filzstift an der Schnur einen Kreis auf den Müllbeutel. Schneide diesen Kreis aus.
4. Am Rande des Kreises stichst du nun immer im gleichen Abstand acht Löcher mit der Nadel. Knote die acht Packschnurstücke in den acht Löchern fest. Pass aber auf, dass die Löcher nicht einreißen!
5. Die Schnurstücke fasst du unten zusammen und machst einen dicken Knoten hinein. Mit dem Gummiband kannst du jetzt dein Plastikmännchen an dem Knoten befestigen. So, der erste Sprung kann stattfinden. Wickle die Schnur mit deinem tapferen Helden um den Fallschirm und dann wirf alles hoch in die Luft. Du kannst ihn auch aus dem Fenster werfen oder auf dem Spielplatz von einem Turm fallen lassen. Achte aber bitte darauf, dass du nicht hinterherfällst. Du hast nämlich weder Flügel noch einen Fallschirm!

Was passiert?

Die Luft wird in dem Fallschirm zusammengedrückt und bremst dadurch den Fall ab. Der Fallschirmspringer gleitet langsam zum Boden herab.

Das steckt dahinter

Im Fallen wird unter dem Fallschirm Luft eingefangen. Dabei wird der Fall gebremst. Baue dir unterschiedliche Testfallschirme zusammen und vergleiche sie. Benutze anderes Material, statt einer Mülltüte Stoff oder Papier. Verändere die Größe des Fallschirms und hänge vielleicht zwei Plastikmännchen daran.

Beobachten

Farbe

Trägst du gerne bunte Kleidung? Du hast doch bestimmt rote und blaue Pullis und T-Shirts in deinem Kleiderschrank. Fertig gekauft und eingefärbt, oder? Heute kannst du dich selbst als Kleiderfärber probieren! Aus einem alten weißen T-Shirt kannst du ein eigenes Kunstwerk zaubern. Und eines ist dann sicher: Niemand außer dir hat dann ein solches T-Shirt!

Dazu brauchst du
viele Zwiebelschalen
Rotkohlblätter
Rote Beete
Messer
3 kleine Töpfe
Wasser
1 Schaumkelle
1 Glas
Essig
Herd
alte Zeitung
altes weißes T-Shirt

Mach dazu diesen Versuch

1. Schneide die Rote Beete und die Rotkohlblätter in Streifen. Achtung! Das färbt schon beim Schneiden!
2. In den einen Topf füllst du nun die Rote Beete und in den anderen Topf den Rotkohl.
3. Der dritte Topf ist für die Zwiebelschalen reserviert. In den Zwiebelschalentopf kippst du nun drei Gläser Wasser, in den Rote-Beete-Topf ein Glas Wasser und in den Rotkohltopf zwei Gläser Wasser.
4. Stelle die drei Töpfe auf den Herd und bitte einen Erwachsenen, dir das Wasser in den Töpfen aufzukochen. Bleibe bei den Töpfen stehen und lasse die Zwiebelschalen, die Rote Beete und die Rotkohlmischung ungefähr fünf Minuten sprudelnd kochen. Schalte dann alle Herdplatten aus und lasse die Töpfe ungefähr noch eine Viertelstunde dort stehen.
5. Wenn die Zeit um ist, kannst du ein wenig angeln. Breite die alte Zeitung aus und lege sie neben die Töpfe.
6. Jetzt nimmst du die Schaumkelle und angelst die Zwiebelschalen, die Rotkohlblätter und die Rote Beete aus den Töpfen. Lege das ausgekochte Gemüse auf die Zeitung, rolle sie zusammen und ab in die Biotonne damit. In deinen Töpfen hast du nun tolle Naturfarben.
7. Das Zwiebelwasser ist braun, das Rotkohlwasser lila und das Rote-Beete-Wasser ist

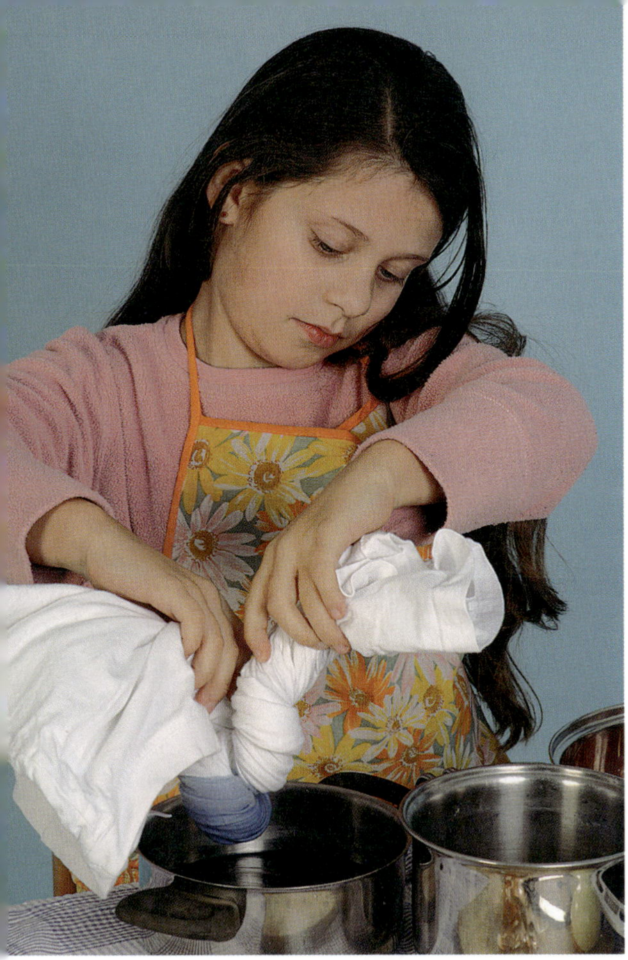

knallrot. In jeden Topf gibst du nun einen Esslöffel Essig, dann halten die Farben besser! Nun kannst du mit den Farben dein T-Shirt einfärben und bemalen.

Was passiert?

Die Farbstoffe in den Pflanzen werden durch das Kochen gelöst. Wenn du Essig in das Wasser gibst und dann dein T-Shirt mit der Farbmischung bemalst, hängen die Farben sich an den weißen Stoff an und färben ihn bunt.

Das steckt dahinter

In den Pflanzen sind sehr unterschiedliche Farbstoffe enthalten. Durch das Kochen werden diese Farbstoffe gelöst und kleben dann an dem T-Shirt richtig fest, wenn du es bemalt hast. Früher haben die Menschen nur aus natürlichen Dingen Farben gewonnen. Der bekannteste Farbstoff ist bestimmt das Indigoblau. Es wird aus der Indigopflanze gewonnen. Die wächst in den Tropen. Von der Purpurschnecke bekam man Purpurrot – eine blaurote Färbung. Mit deinen selbst gemachten Farben kannst du übrigens auch Ostereier färben. Du musst sie einfach 10 Minuten in der Farbe kochen und anschließend gut trocknen lassen.

Beobachten

Farbkopien

Dein Freund oder deine Freundin hat eine ganz tolle Zeitschrift. Darin ist ein Bild, das du auch gerne hättest. Du kannst jetzt in den Laden gehen und dir nochmal die gleiche Zeitschrift wie deine Freundin oder dein Freund kaufen. Du kannst in ein Geschäft gehen, in dem man Fotokopien machen kann, oder aber du kopierst das Bild einfach selbst. Du sollst jetzt natürlich nicht stundenlang über einen Zeichenblock gebeugt sitzen und alles abzeichnen oder durchpausen. Du nimmst einfach die Chemie zur Hilfe und kannst ganz ohne die aufwändige Technik eines Farbkopiergerätes alles alleine machen! Wie das gehen soll? Gleich wirst du es sehen.

Mach dazu diesen Versuch

1. Nimm das alte Glas und einen wasserfesten Stift und markiere dein Glas vom Boden bis zum Rand mit sechs Strichen, die alle den gleichen Abstand voneinander haben. Wenn du kein geeignetes Glas findest, kannst du natürlich auch eine leere Plastikflasche verwenden. Schneide diese vorsichtig in der Mitte durch und zeichne nun auf der unteren Hälfte der Flasche sechs Striche im gleichen Abstand auf.
2. Fülle nun das Glas bis zum zweiten Strich (von unten aus gezählt) mit Terpentin. Das Terpentin kippst du dann vorsichtig in eine Schüssel.
3. Nimm nun das Spülmittel und fülle dein Glas damit ebenfalls bis zum zweiten Strich. Das Spülmittel schüttest du zu dem Terpentin in die Schüssel.
4. Fülle nun als Nächstes das Glas bis zum dritten Strich mit Wasser und gib es auch in die Schüssel.
5. Falte ein Trockentuch dreimal zusammen und tunke es dann in die Schüssel ein. Achtung, das Tuch soll nicht klatschnass sein! Nimm jetzt deine Kopiervorlage und reibe sie vorsichtig mit dem nassen Tuch ein.

Dazu brauchst du
Terpentin
Spülmittel
1 altes Glas oder
1 leere Plastikflasche
1 wasserfesten Stift
1 Schüssel
1 Zeitschrift
2 Trockentücher
weißes Papier

Aber Achtung, die Seite darf auf keinen Fall so nass werden, dass sie reißt.

6. Lege nun ein weißes Blatt Papier auf die angefeuchtete Seite und wische mit dem anderen Trockentuch fest über das Blatt. Kannst du schon sehen, was passiert?

Was passiert?

Wenn du das weiße Blatt auf das angefeuchtete Bild legst, saugt sich dein Blatt mit der gelösten Farbe voll. Das Bild überträgt sich dadurch auf das Blatt und das Bild wird so schon sehr bald auf dem zuvor weißen Blatt sichtbar. Du kannst den Kopiertrick mit unterschiedlichen Zeitschriften ausprobieren, leider funktioniert es mit Micky-Maus-Heften nicht. Wenn du längere Zeit kopierst und viel ausprobieren möchtest, dann stelle die Schüssel mit dem Terpentingemisch etwas weiter von dir entfernt hin. Es ist nämlich ungesund, den Terpentingeruch einzuatmen!

Das steckt dahinter

Terpentin ist ein so genanntes Lösungsmittel. Im Umgang damit solltest du jedoch sehr vorsichtig sein und die Dämpfe nicht über einen längeren Zeitraum einatmen, da dies sonst deine Atemwege reizen könnte. Die Mischung aus Wasser, Spülmittel und Terpentin löst die Farben, in der die Bilder in deiner Zeitschrift gedruckt sind, an. Die Farben lassen sich nun ablösen und werden auf das weiße Blatt übertragen.

Beobachten

Faul

Falls du irgendwann einmal an einem faulen Ei geschnuppert hast, wirst du diesen Geruch bestimmt nicht so schnell wieder vergessen. Es stinkt zum Himmel und von da aus sogar wieder zurück. Furchtbar! Auf den Verpackungen der Eier stehen natürlich die Haltbarkeitsdaten drauf, aber manchmal mogelt sich halt so ein altes Hühnergelege dazwischen. Mit einem kleinen Trick kannst du aber ein faules Ei sofort erkennen, bevor du es aufschlägst.

Dazu brauchst du
frische Eier
ältere Eier
durchsichtiges Litermaß

Mach dazu diesen Versuch

1. Fülle dein Litermaß gut zur Hälfte mit Wasser.
2. Lege das erste Ei nun vorsichtig ins Wasser.
3. Und nun beobachte, wie sich das Ei im Wasser verhält? Liegt es waagerecht auf dem Boden des Litermaßes? Liegt es schräg im Wasser und streckt den Popo in die Höhe? Steht es gerade auf dem Boden? Oder schwimmt es sogar an der Wasseroberfläche? Tja, warum nur verhalten sich die Eier so unterschiedlich? Hast du eine Erklärung?

Was passiert?

Ist das Ei frisch, liegt es waagerecht auf dem Boden. Wenn das Ei schräg im Wasser steht, ist es schon etwas älter. Steht das Ei sogar gerade auf dem Boden, dann ist es älter als 30 Tage. Falls das Ei schwimmt, schmeiß es ganz schnell weg, dann ist es innen faul!

Das steckt dahinter

Je höher das Ei schwimmt, desto älter ist es. Dies kommt daher, dass in der Eierschale viele kleine Poren sind. Wie in deiner Haut auch. Durch diese Poren dringt ständig Luft in das Ei ein. Je mehr Luft also durch die Schale schon eingedrungen ist, desto älter ist das Ei. Durch die Luft bekommt das Ei Auftrieb, als ob es Schwimmflügel hätte. Je mehr Luft in dem Ei steckt, umso höher schwimmt es in dem Litermaß. Ein ganz einfacher Test also, um das Alter des Eis zu erkennen.

Filzstiftfarben

Sind sie rot oder sind sie nicht rot? Das ist hier die Frage? Du wirst dich fragen, wovon hier wohl die Rede ist. Na, die Farben in deinem Filzstift! Du glaubst, dies sei eine ganz seltsame Frage! Blau ist Blau und Grün ist Grün? Weit gefehlt und voll daneben!

Mach dazu diesen Versuch

1. Male zuerst mit den Filzstiften, die du genauer unter die Lupe nehmen willst, eine Reihe dicker Punkte auf ein Löschpapier. Ordne die Reihe so an, dass sie etwa zwei Zentimeter vom Rand entfernt ist. Du kannst aber auch in die Mitte des Löschpapiers ein Loch schneiden und die Punkte um diese Öffnung anordnen. Stecke nun in das Loch etwas zusammengerolltes Toilettenpapier.
2. Fülle dann das Schälchen mit etwas Wasser.
3. Anschließend tauchst du den Rand des Papiers vorsichtig ins Wasser. Die Farbtupfen sollen dabei gerade noch über der Wasseroberfläche bleiben. Wenn du mit Toilettenpapier arbeitest, lass das Toilettenpapier in ein Glas mit Wasser hängen. Du musst aber darauf achten, dass die Rolle fest im Loch klemmt und nicht herausrutscht. Und jetzt? Ist Blau nun wirklich Blau?

Was passiert?

Wenn alles gut geht, kommt gleich eine bunte Blume zum Vorschein.Die einzelnen Bestandteile der Farben werden nämlich unterschiedlich schnell vom Wasser transportiert. Daher können sie verschieden weit vom Wasser mitgenommen werden. Jede Farbe bildet einen Streifen auf dem Löschpapier. Am besten erkennst du das, wenn das Papier getrocknet ist. Wenn du das Ergebnis betrachtest, wirst du sehen, dass Blau nicht immer Blau ist.

Das steckt dahinter

Das Wasser wird vom Löschpapier aufgesaugt und weiter zu den Filzstiftpunkten transportiert. Dabei verdünnt es die Filzstiftfarbe und zerlegt es in ihre verschiedenen Bestandteile. Das Wasser verdunstet nach und nach und ein Teil der Farbe bleibt in bunten Schattierungen am Papier hängen.

Beobachten

Dazu brauchst du
verschiedene Filzstifte
Löschpapier
Schälchen
Schere
Glas
Wasser

Fühlen

Fingerspitzengefühl

Hast du eigentlich Fingerspitzengefühl? Manchmal sagt man das ja zu jemandem, der etwas besonders toll gemacht hat oder der sich in einer „kitzeligen" Situation besonders klasse verhalten hat. Wenn wir das Wort aber mal wörtlich nehmen, heißt es ja eigentlich, dass jemand gut mit den Fingern fühlen kann. Kannst du das auch oder geht es vielleicht mit den Füßen besser? Zehenspitzengefühl ist ja auch eine tolle Sache! Teste doch das Zehenspitzengefühl von deinem Freund oder deiner Freundin!

Dazu brauchst du
1 großes Halstuch
viele verschiedene Dinge, die du selbst aussuchen kannst, zum Beispiel Stofftiere, Tennisball, Löffel, Mütze, Möhre, Pulli, Stift usw.

Mach dazu diesen Versuch

1. Verbinde deinem Freund oder deiner Freundin mit einem Halstuch die Augen.
2. Hole dann die unterschiedlichen Dinge, die du dir vorher ausgesucht hast, und lege sie bereit. Sage deinem Freund oder deiner Freundin, er oder sie soll Schuhe und Socken ausziehen. Das ist mit verbundenen Augen äußerst schwierig und sieht oft sehr lustig aus!
3. Nimm nun den ersten Gegenstand und lege ihn deiner Testperson vor die Füße. Lass deinen Freund oder deine Freundin nun mit den Füßen den Gegenstand erfühlen. Kann deine Versuchsperson erraten, um was es sich handelt? Nein? Versucht es mit dem nächsten Gegenstand, vielleicht klappt es ja damit!
4. Zum Vergleich gib dann deiner Versuchsperson die Gegenstände in die Hände.

Was passiert?

Mit den Händen geht es viel besser! Nicht wahr? Die Hände müssen besonders viele Aufgaben erfüllen. Die Fingerspitzen sind daher mit besonders empfindlichen Nerven ausgestattet. Diese Nerven leiten die kleinste Berührung an das Gehirn weiter.

Das steckt dahinter

Die Hände werden jeden Tag benutzt, um Dinge zu erfühlen, zu bewegen oder sogar zu reparieren. Der Tastsinn in deinen Händen ist besser ausgebildet als der deiner Füße. Denn deine Füße stecken ja den ganzen Tag in Socken und Schuhen und sind deshalb stark beansprucht. Viele Tiere haben einen noch ausgeprägteren Tastsinn als wir, Katzen beispielsweise mit ihren langen Schnurrhaaren.

Flaschenmusik

Hören

Falls du den Versuch mit der Glasmusik schon gemacht hast, kannst du hier deine Wasserorgel noch ein Stück weiter ausbauen. Du kannst sie um einige etwas anders klingende Töne erweitern. Vielleicht hast du aber auch Lust, mit Freunden eine Wasserband zu gründen?

Was passiert?

Jede Flasche macht einen anderen Ton! Und durch die unterschiedlichen Füllhöhen erzeugst du unterschiedlich hohe und tiefe Töne. Wenn du nun mehrerer Flaschen nebeneinander stellst und in jede ein bisschen mehr Wasser füllst, kannst du eine ganze Tonleiter erzeugen.

Dazu brauchst du
4–5 leere Flaschen
Wasser

Mach dazu diesen Versuch

1. Fülle die Flaschen in unterschiedlichen Höhen mit Wasser.
2. Stelle die Flaschen auf den Tisch und blase über die Öffnung der Flasche hinweg. Aber nicht in die Flasche hineinblasen, das klappt dann nicht. Es macht dann höchstens Pfff, aber dein Experiment soll ja schließlich gelingen. Also, schön über den Rand pusten! Wenn es nicht sofort gelingt, nicht gleich verzagen. Mit ein wenig Übung wird auch aus dir ein großer Flaschenmusik-Künstler.

Das steckt dahinter

Durch das Blasen über die Flaschenöffnung erzeugst du Luftwirbel. Luftwirbel sind ungleichmäßige Bewegungen in der Luft. Die Luft im Flaschenhals bewegt sich dadurch schnell hoch und runter. Diese Bewegung nennt man auch Schwingung. Durch diese Schwingungen entstehen die Töne. Ist mehr Wasser in der Flasche, dann ist die Schwingung schneller und der Ton höher. Ist dagegen weniger Wasser in der Flasche, dann ist die Schwingung langsamer und der Ton entsprechend tiefer.

Beobachten

Flaschentaucher

Kannst du dir vorstellen, dass ein Streichholz schwerelos in der Flasche schwebt und auf dein Kommando hin sinkt oder wieder auftaucht? Vielleicht musst du für dieses Experiment ein wenig üben, aber es lohnt sich!

Dazu brauchst du
1 leere Glasflasche (am besten kein Grün- oder Braunglas!)
Wasser
1 Streichholz

Mach dazu diesen Versuch

1. Fülle eine Glasflasche randvoll mit Leitungswasser. Wenn du die Flasche nicht wirklich bis zum Überlaufen voll machst, funktioniert das Experiment nicht.
2. Nimm nun das Streichholz und brich es ganz kurz hinter dem roten Kopf ab. Das Streichholz ist dein Taucher. Wenn du eine weiße Glasflasche benutzt, siehst du die rote Spur, die dein Taucher hinterlässt.
3. Wirf deinen Taucher in die Flasche. Er schwimmt ganz oben, an der Öffnung der Flasche.
4. Jetzt kommt der Teil des Versuchs, den du wahrscheinlich ein wenig üben musst. Drücke mit deinem Daumen oder mit dem Handballen die Öffnung der Flasche zu. Wenn du die Öffnung komplett verschlossen hast, drück noch ein wenig fester zu. Mit ein wenig Übung kannst du auch mal versuchen, weniger stark oder abwechselnd stark und leicht zu drücken.

Was passiert?

Wenn du die Öffnung verschlossen hast und drückst, sinkt dein Taucher in die Flasche hinab. Mit ein bisschen weniger Druck kannst du ihn mitten in der Flasche schweben lassen. Möchtest du, dass der Taucher wieder aufsteigt, kannst du die Hand wegnehmen. Wenn dein Taucher den Flaschenboden erkunden soll, dann drücke wieder ganz fest zu.

Das steckt dahinter

Die Glasflasche ist bis obenhin voll Wasser. Wasser lässt sich nicht zusammendrücken. Während du auf das Wasser drückst, wird die Luft in den Holzfasern des Streichholzes zusammengedrückt. Der Druck, den du auf das Wasser ausübst, geht auf das Streichholz, also den Taucher, über und er beginnt zu sinken. Lockerst du den Druck, dehnt sich die Luft wieder aus und das Streichholz steigt wieder nach oben. Das Experiment funktioniert allerdings nicht mit einer Plastikflasche, da Plastik nachgibt.

Flaschenzauber

Gespenster gibt es ja nicht und doch könnte man manchmal glauben, dass so einige Dinge nicht ganz geheuer sind. Da tanzt ein Geldstück auf einer Flasche, ohne dass es berührt wird oder die Flasche bewegt wird. Wie kann das sein?

Mach dazu diesen Versuch

1. Stelle eine leere Glasflasche zwei Stunden in den Kühlschrank.
2. Anschließend nimmst die Glasflasche wieder aus dem Kühlschrank und stellst sie vor dich auf den Tisch.
3. Lege die Münze auf die Flaschenöffnung. Umfasse jetzt fest mit deinen Händen die Flasche. Konzentriere dich und … Plöpp! Wenn jetzt noch jemand behauptet, es gäbe keine magischen Kräfte!

Das steckt dahinter

Also, wir waren uns ja schon einig, es gibt keine Gespenster in der Flasche. Hier sind ganz einfache physikalische Kräfte am Werk! Die Flasche kommt aus dem Kühlschrank und so sind die Flasche und die Luft darin kalt. Wenn du nun deine warmen Hände fest um die Flasche legst, erwärmt sich die Flasche und damit auch die Luft. Dadurch dehnt sich die Luft in der Flasche aus. Die Luft passt nicht mehr in die Flasche hinein und ein Teil davon sucht einen Weg nach draußen. Das geht nur durch die Flaschenöffnung. Aber die Flaschenöffnung ist durch die Münze versperrt. Die Luft drückt nun aber mit großer Kraft auf die Münze. So wird das Geldstück immer für kurze Zeit ein kleines bisschen angehoben.

Was passiert?

Die Münze tanzt auf der Flaschenöffnung! Na ja, tanzen ist vielleicht ein wenig übertrieben, aber sie hebt sich zumindest für kurze Zeit von der Flaschenöffnung ab. Und das alles nur mit deinen Händen und ohne Magie!

Beobachten

Dazu brauchst du
1 leere Glasflasche
1 Eurostück
Kühlschrank

Geisterhand

Du hast bestimmt auch schon einmal gedacht, es spukt bei euch im Haus, oder? Dein Lieblingsbuch ist verschwunden oder die Mathehausaufgaben waren plötzlich weg. Na, wenigstens deine Arme und Beine werden nicht von selbst an einen anderen Ort bewegt, das kannst nur du. Vor allem nur dann, wenn du es auch willst. Oder?

Dazu brauchst du einen Freund oder eine Freundin

Mach dazu diesen Versuch

1. Bitte deinen Freund oder deine Freundin sich hinter dich zu stellen. Lass deine Arme ganz entspannt seitwärts an deinem Körper hinabbaumeln.
2. Nun soll dein Freund oder deine Freundin deine Arme mit beiden Händen festhalten. Gleichzeitig musst du versuchen, einen deiner Arme seitlich in die Höhe zu bewegen. Dein Freund oder deine Freundin drückt aber fest dagegen an.
3. Zählt zusammen langsam bis 30 und haltet so lange gegen den Druck des anderen stand.
4. Lasst nun beide los. Ups, kann es sein, dass deine Arme dir nicht mehr gehorchen und gerade machen was sie wollen?

Was passiert?

Auch wenn du versuchst, deine Arme ganz entspannt nach unten baumeln zu lassen, bewegen sie sich wie von Geisterhand nach oben. Spukt es doch in diesem Haus? Tauscht eure Plätze und versucht es auch andersherum! Ihr werdet sehen, es funktioniert auch bei deinem Freund oder deiner Freundin.

Das steckt dahinter

Du hast deine Armmuskeln ungefähr 30 Sekunden lang stark angespannt. In dieser Zeit haben sich die Muskeln an die Anspannung gewöhnt und halten diese Spannung auch noch, nachdem ihr wieder losgelassen habt. Der Muskel speichert die Spannung noch für eine kurze Zeit und daher hebt sich dein Arm von selbst an.

Geisterschrift

Hast du einen guten Freund oder eine beste Freundin? Möchtest du ihnen einen ganz geheimen Brief schreiben, in den kein Erwachsener seine neugierige Nase stecken kann? Dann weihe deinen Freund oder deine Freundin in das Geheimnis ein und ihr könnt euch unsichtbare Botschaften schicken.

Mach dazu diesen Versuch

1. Nimm eines der Blätter und tauche es in die Wasserschale ein. Ziehe es wieder aus dem Wasser heraus und lege das andere, trockene Blatt auf das nasse Blatt.
2. Auf das trockene Blatt kannst du nun mit dem Kuli deine Nachricht schreiben. Lass das nasse Blatt jetzt trocknen und die Schrift, die du erkennen konntest, verschwindet.
3. Das trockene Blatt kannst du in tausend kleine Schnipsel zerreißen, damit die Botschaft auch geheim bleibt. Das getrocknete Blatt Papier dagegen kannst du nun in aller Ruhe und für alle sichtbar deinem Komplizen geben. Aber du wirst dich jetzt fragen, wie er deine Botschaft lesen soll? Ganz einfach. Er muss nur das trockene Blatt wieder in eine Schale mit Wasser eintauchen!

Was passiert?

Aufgepasst, wenn dein Freund oder deine Freundin das Papier vorsichtig ins Wasser taucht, erscheint die Schrift wie von Geisterhand wieder auf dem Papierbogen. Durch die zusammengedrückten Fasern im Papier erscheinen die Stellen dunkler und du kannst sie nur sehen und lesen, solange das Papier nass ist. Trocknest du das Blatt wieder, werden diese Stellen unsichtbar und die Botschaft ist erneut versteckt.

Das steckt dahinter

Wenn du ein Blatt Papier in Wasser tauchst, wird es nicht nur nass sondern auch durchsichtig. Schreibst dun nun mit dem Kuli durch das trockene Blatt auf dem feuchten Papier, so drückt die Kugel in der Mine des Kugelschreibers an den beschriebenen Stellen die Papierfasern zusammen. An diesen Stellen kann das Licht, wenn das Papier feucht ist, nicht mehr so gut durch das Papier scheinen.

Beobachten

Dazu brauchst du
1 Kugelschreiber
2 Blätter Papier
Schale mit Wasser gefüllt

Beobachten

Gemüseblumen

Du wolltest schon immer einen eigenen kleinen Garten haben? Am besten einen Garten, in dem kein Unkraut wächst und in dem man nicht umgraben muss? Ein Garten, der einfach nur da ist und keine Arbeit macht und den man vielleicht sogar noch mitnehmen kann? Das gibt es ja gar nicht, sagst du jetzt. Was soll das wohl für ein Garten sein? Einer mit Kunstblumen? Ein ganz echter kleiner Garten. Versprochen!

Dazu brauchst du
1 tiefen Teller oder
1 flache Schale
1 Küchenmesser
Küchenpapier
Wasser
Möhren
Kohlrabi
Radieschen

Mach dazu diesen Versuch

1. Nimm ein Messer und schneide von den Möhren, den Radieschen oder den Kohlrabi die Köpfe ab.
2. Nimm einige Blätter von einer Küchenrolle und mache sie feucht. Aber wirklich nur feucht, nicht ganz nass, sonst schwimmt dein kleiner Garten plötzlich weg und das soll er ja nicht!
3. Das angefeuchtete Küchenpapier legst du nun auf einen Teller oder in eine Schale. Anschließend stellst du die abgeschnittenen Gemüseköpfe auf das feuchte Papier.

Jetzt musst du Geduld haben und deinen Garten beobachten. Das Einzige, was er jeden Tag braucht, ist ein wenig Wasser, so dass die Papiertücher immer schön feucht sind.

Was passiert?

Wenn du deinen kleinen Garten gut pflegst, werden nach einigen Tagen die ersten kleinen Blätter auf deinen Gemüseköpfen wachsen. Die Nährstoffe, die noch in den Gemüseköpfen sind, lassen die kleinen Blätter wachsen. Nach ungefähr 10–12 Tagen sind diese Nährstoffe jedoch verbraucht und deine Pflanzen werden welken. Zeit für einen neuen kleinen Garten!

Das steckt dahinter

In den Gemüseköpfen, bei denen es sich um den obersten Teil der verdickten Wurzel oder um verdickte Sprossteile handelt, speichern Möhren, Radieschen und Kohlrabi ihre Nährstoffe. Wenn die Gemüseköpfe also jeden Tag etwas Wasser erhalten, werden sie zwar keine Wurzeln treiben oder in den Himmel wachsen, aber sie haben noch so viel Kraft in sich, dass sie ein paar Blätter hervorbringen.

Schmecken

Geschmackssache

Äpfel und Bananen haben einen ganz besonderen Geschmack. Natürlich wirst du behaupten, dass du die beiden Obstsorten sofort und ganz leicht unterscheiden kannst, sobald du sie in den Mund steckst. Hier beweisen wir dir das Gegenteil. Als Vorbereitung für dieses Experiment eignet sich der Zungentest.

Mach dazu diesen Versuch

1. Schneide das Obst und das Gemüse in mundgerechte Stücke. Für den Pudding legst du einen Löffel bereit und in die Gläser gießt du etwas von der Fanta und dem Mineralwasser. Pass aber gut auf, dass dein Freund oder deine Freundin nicht sieht, was du für Lebensmittel vorbereitest!
2. Verbinde nun die Augen von deinem Freund oder deiner Freundin mit dem Halstuch und setze ihm oder ihr die Wäscheklammer auf die Nase. Bitte deine Mutter oder deinen Vater, euch eine Wäscheklammer zu geben, die auf der Nase nicht weh tut! Es ist für den Versuch nur wichtig, dass dein Freund oder deine Freundin weder etwas sieht noch Luft durch die Nase bekommt.
3. Jetzt kannst du deine Testperson mit den unterschiedlichen Dingen, die du vorbereitet hast, füttern. Was soll daran spannend sein, wirst du dich jetzt fragen. Aber warte nur ab, bis dein Gegenüber zu raten beginnt!

Was passiert?

Du wirst feststellen, dass dein Freund oder deine Freundin zwar sagen kann, ob etwas süß, sauer, salzig oder bitter ist, aber ansonsten überhaupt keine Ahnung hat, was für ein Lebensmittel es ist! Bei den Getränken ist es ebenso. Süß und geschmacklos können unterschieden werden, aber nicht, ob es sich um Cola oder Fanta handelt.

Das steckt dahinter

Jedes Lebensmittel kann erst richtig geschmeckt werden, wenn es auch seinen Geruch entwickeln kann. Das passiert im Mund. Wenn du nicht durch die Nase atmen kannst, kannst du nichts riechen und damit auch nicht richtig schmecken. Wenn du beispielsweise erkältet bist, schmeckt dein Lieblingsgericht auch nicht. Es ist nämlich nicht richtig, dass die Zunge jedes Lebensmittel am Geschmack erkennen kann. Die Zunge kann nur süß, sauer, salzig und bitter unterscheiden.

Dazu brauchst du

- 1 großes Halstuch
- 1 Wäscheklammer
- 2 Apfelstücke
- 2 Bananenstücke
- 1 Becher Pudding und 1 Löffel
- 1 Glas Fanta
- 1 Glas Mineralwasser
- 2 Stücke Paprika
- 2 Tomatenscheiben

Fühlen

Glasdeckel

Hast du auch schon einmal versucht, ein Glas mit Kirschen oder eine Flasche mit leckerem Fruchtsaft zu öffnen? Ja? Dann weißt du, wie schwierig es ist, wenn man an die köstlichen Sachen im Glas heran will und der Deckel einen nicht lässt. Du drehst und drehst und deine Finger tun schon weh und dein Kopf wird so rot wie die Kirschen im Glas – und du kommst einfach nicht an die Sachen dran. Dabei ist es eigentlich ganz einfach, wenn man nur weiß, wie!

Dazu brauchst du
1 Glas mit Drehverschluss
warmes Wasser

Mach dazu diesen Versuch

1. Nimm dir das Glas, aus dem du am liebsten naschen möchtest, und probiere, es zu öffnen. Wenn du es jetzt natürlich sofort aufbekommst, dann verschiebe den Versuch. Irgendwann kommt dir mit Sicherheit ein Glas in die Finger, das du nicht öffnen kannst. Dann ist es so weit und das Experiment kann beginnen!
2. Halte das Glas mit dem Deckel unter das warme Wasser aus dem Wasserhahn. Dreh das Wasser gerade so warm oder heiß, wie du es eben aushalten kannst, ohne dir die Finger zu verbrühen.
3. Zähl jetzt bis 30 und lass das Wasser so lange über den Deckel laufen und nun versuch noch mal das Glas zu öffnen.

Was passiert?
Ein wahres Kinderspiel! Du wirst dich wundern, wie leicht sich jetzt der Deckel drehen lässt. Fast alle Dinge dehnen sich bei Wärme aus. Wenn die Temperatur dann zurückgeht, ziehen sich die Dinge wieder zusammen. Diesen Trick benutzt du, um das Glas zu öffnen.

Das steckt dahinter

Nicht alle Dinge dehnen sich bei Wärme in der gleichen Geschwindigkeit aus. Das Metall des Deckels dehnt sich viel schneller aus als das Glas. Der Deckel weitet sich also durch das warme Wasser mehr als das Glas und lässt sich daher leicht drehen.

Glasmünze

Ein überraschender Trick, bei dem wieder Wetten abgeschlossen werden dürfen und der sich gut für jede Party eignet! Wo landet die Münze? Auf dem Tisch, unter dem Tisch oder vielleicht sogar ganz woanders?

Mach dazu diesen Versuch

1. Nimm ein leeres Glas und lege die Karte auf die Öffnung.
2. Die Münze legst du nun in die Mitte auf die Karte.
3. Nun schnipse mit deinem Finger genau gegen den Kartenrand. Versuche, die Karte genau in der Mitte einer Seite zu treffen, sodass sie vom Glas rutscht. Wenn es nicht gleich gelingt, nicht verzagen. Für diesen Trick musst du ein wenig üben, bis er so richtig gut funktioniert! Das Experiment gelingt nämlich nicht, wenn die Karte sich nach dem Schnipsen dreht!

Was passiert?

Falls du Glück hast und der Versuch direkt beim ersten Mal funktioniert, super! Dann landet die Münze mit einem Klingeln im Glas. Wer hätte das vermutet? Die Karte wird von dir kräftig angeschnipst. Sie fliegt über den Glasrand davon. Da die Münze aber nicht direkt von dir berührt wird, bleibt sie „träge“, also an ihrem Platz. Da die Karte nicht mehr unter ihr ist, fällt sie natürlich direkt in das Glas.

Das steckt dahinter

Jeder Gegenstand möchte seinen momentanen Zustand gerne beibehalten. Das heißt, was sich bewegt, will in Bewegung bleiben, und was still steht, will stehen bleiben. Veränderst du diesen Zustand, dann geschieht das gegen den „Willen“ des Gegenstandes. Und das zeigt er auch, denn er leistet Widerstand. Diesen Widerstand eines Gegenstandes nennt man auch Trägheit.

Beobachten

Dazu brauchst du
1 Glas
1 Münze
1 Spielkarte

Hören

Glasmusik

Bestimmt hörst du gerne Musik. Vielleicht kannst du sogar ein Instrument spielen? Aber hast du schon einmal Musik auf Gläsern gemacht? Aus Weingläsern kann man nicht nur Wein trinken, vor allem kannst du sie dazu benutzen, deine eigene Tonleiter zum Klingen zu bringen! Die Tonleiter hat acht Töne: C, D, E, F, G, A, H und C. Für jeden Ton nimmst du ein Glas.

Dazu brauchst du
8 Weingläser
Wasser

Mach dazu diesen Versuch

1. Bitte deine Eltern, dir für dieses Experiment alte Weingläser zur Verfügung zu stellen. Fülle nun eines der Weingläser halb mit Wasser. Die anderen sieben Wassergläser befüllst du nun in unterschiedlichen Höhen – ein paar mit mehr, ein paar mit weniger Wasser.
2. Tauche deinen Zeigefinger in ein Weinglas und befeuchte die Fingerspitze mit dem Wasser.
3. Halte das Glas nun ganz unten fest. Berühre anschließend mit dem Finger den Rand des Weinglases und beginne langsam auf dem Rand entlangzufahren. Na, schon was zu hören? Probier es anschließend auch mit den anderen Gläsern. Kannst du den Unterschied feststellen?

Was passiert?

Indem das Glas zu schwingen beginnt, erzeugt es einen Ton. Die Höhe des Tones, also sein Klang, hängt von der Wassermenge im Glas ab. Aber auch die Größe der Gläser kann den Ton verändern.

Wenn es nicht sofort klappt, gib nicht auf! Versuche es noch einmal! Manchmal dauert es eine Weile, bis man den richtigen Dreh heraus hat. Du kannst nun auf jedem Glas einen anderen Ton erzeugen. Wenn du die Gläser so nebeneinander stellst, dass die Wasserbefüllung immer ein wenig zunimmt, hast du eine Tonleiter. Vielleicht schaffst du es ja, ein Lied auf deinem Wasserinstrument zu spielen?

Das steckt dahinter

Der Ton entsteht dadurch, dass du mit deinem Finger über den Glasrand fährst. In dem Glasrand sind ganz kleine Unebenheiten, und wenn du die mit dem Finger beim Kreisen berührst, wird das Glas zum Schwingen angeregt und es entsteht ein Ton.

Glaszauber

Oje, du bist so richtig durstig! Es ist heiß und du bist lange draußen herumgetobt und könntest jetzt einen ganzen Brunnen leer trinken. Das ist ja nicht so ungewöhnlich. Aber hast du schon gewusst, dass auch Gläser durstig sind?

Das ist doch sehr komisch, oder? Ganz und gar nicht! Gleich wirst du ein Glas trinken sehen!

Mach dazu diesen Versuch

1. Fülle eine Schüssel mit warmem Wasser und lege ein Glas hinein. Das Glas sollte dabei bis über die Öffnung komplett bedeckt sein.
2. Lege ein oder zwei Eiswürfel auf einen Teller und bestreue sie mit Salz.
3. Schneide die Tintenpatrone auf und drücke sie über den Eiswürfeln aus. Tropfe dann noch ein klein wenig kaltes Wasser darüber. Jetzt musst du warten, bis die Eiswürfel geschmolzen sind.
4. Wenn auf deinem Teller blaues Eiswasser schwimmt, ist es Zeit, den Durst des Glases endlich zu stillen. Nimm das Glas aus dem warmen Wasser und stelle es mit der Öffnung nach unten auf den Teller mit dem Eiswasser. Und jetzt sage noch einer, Gläser hätten keinen Durst!

Was passiert?

Dein Glas trinkt das blaue Wasser. Ui, ist das durstig gewesen! So wie die Luft sich zusammenzieht, weil sie abkühlt, wird das farbige Wasser nun in das Glas gesaugt.

Das steckt dahinter

Durch das warme Wasser hat sich das Glas in der Schüssel erwärmt. Wenn du das Glas aus der Schüssel herausnimmst, strömt Luft in das Glas. Die Luft erwärmt sich in dem warmen Glas ebenfalls. In dem Moment, in dem du das Glas in das Eiswasser stellst, kühlt sich die Luft in dem Glas wieder ab. Und da kältere Luft bekanntlich weniger Platz benötigt als die warme Luft, zieht sie sich in dem Glas zusammen und von unten frische Luft an. So wandert das blaue Wasser am Glasrand nach oben.

Beobachten

Dazu brauchst du

1 hohes Glas
1 Teller
Eiswürfel
Wasser
1 Tintenpatrone
1 Schüssel
1 Teelöffel Salz

Fühlen

Handtemperatur

Mit einem Thermometer kannst du Temperaturen messen, zum Beispiel die Temperatur von Wasser. Ach, sagst du jetzt, ich brauche kein Thermometer, ich nehme meine Hände und fühle einfach, ob das Wasser warm oder kalt ist. Aber vorsicht, deine Hände können dir einen ganz schönen Streich spielen. Du glaubst es nicht?

Dazu brauchst du
1 Schüssel mit warmem Wasser
1 Schüssel mit kaltem Wasser
1 Schüssel mit lauwarmem Wasser
Eiswürfel
Uhr

Mach dazu diesen Versuch

1. Stelle die Schüsseln mit dem Wasser nebeneinander vor dich auf den Tisch auf. Das kalte Wasser neben das lauwarme Wasser und neben das lauwarme Wasser das ganz warme Wasser.
2. In das kalte Wasser wirfst du jetzt noch einige Eiswürfel hinein, dann ist das Wasser so richtig eiskalt.
3. Schaue jetzt auf deine Uhr und stecke die eine Hand für ungefähr zwei Minuten in die Schüssel mit dem Eiswürfelwasser. Die zweite Hand tauchst du gleichzeitig, ebenfalls für zwei Minuten, in die Schüssel mit dem warmen Wasser ein.
4. Wenn die Zeit um ist, nimmst du beide Hände aus den Schüsseln und tauchst sie nun zusammen in das lauwarme Wasser ein. Welche Temperaturen fühlst du?

Was passiert?

Die eine Hand fühlt warm, die andere Hand fühlt kalt. Aber das Wasser ist lauwarm. Die Hand, die in dem warmen Wasser war, empfindet das lauwarme Wasser als kalt. Die Hand aus dem Eiswürfelwasser empfindet das lauwarme Wasser als sehr warm. Beide Hände haben also für die nun gleiche Temperatur unterschiedliche Empfindungen.

Das steckt dahinter

Die eine Hand hat zwei Minuten im kalten Wasser gelegen und deshalb auch kaltes Wasser gespürt. Die andere Hand hat wiederum im warmen Wasser gelegen und warmes Wasser gefühlt. Wenn sie nun zusammen in der Schüssel mit dem lauwarmen Wasser sind, fühlt es sich für die beiden Hände unterschiedlich an. So leicht sind die Sensoren in deinen Händen also zu täuschen!

Hebelwirkung

Fühlen

Es gibt riesige und sehr schwere Kisten, die manchmal noch nicht einmal ein erwachsener Mann auch nur einen Zentimeter hochheben kann. Der Mann kann ackern und schwitzen, wie er will, die Kiste bewegt sich nicht ein Stückchen in die Höhe. Ein Schlückchen Zaubertrank wäre jetzt toll!

Mach dazu diesen Versuch

1. Such dir im Garten oder an einem Bach einen schönen Stein. Er soll nicht so schwer sein, dass du ihn nicht anheben kannst. Aber er soll auch nicht so leicht sein, dass du ihn lässig mit dem kleinen Finger hochheben kannst.
2. Lege den Stock vor deinen Stein. Jetzt nimmst du den Schraubendreher und schiebst das abgeflachte Ende unter den Stein. Die andere Seite des Schraubendrehers legst du auf dem Stock ab.
3. Drücke nun ganz leicht, vielleicht sogar nur mit einem Finger, den Schraubendreher über den Stock nach unten. Ohne große Anstrengung hebt sich der Stein.

Was passiert?

Du kannst deine Kraft mit dem Hebel vergrößern. Die Wege werden länger, aber dafür brauchst du weniger Kraft. Den Hebel triffst du auch in Zangen, Scheren oder bei der Arbeit mit einem Schraubenschlüssel an.

Das steckt dahinter

Um den Stein nur ein wenig anzuheben, musstest du den Schraubendreher ein ganz schönes Stück weit herunterdrücken. Das hat dich zwar wenig Kraft gekostet, aber du musstest dafür einen zusätzlichen Weg aufwenden, der sich jedoch gelohnt hat, da die Arbeit dadurch sehr viel leichter ging. Was du hier benutzt hast, ist die Kraft des Hebels gewesen. Der dicke Stock hat dabei den Stütz- und Drehpunkt deines Schraubendrehers gebildet.

Dazu brauchst du

1 etwas größeren Stein
1 großen Schraubendreher
1 dicken Stock

Beobachten

Heiß

Aua, heiß! Kennst du bestimmt auch, oder? Deine Mutter oder dein Vater haben dir morgens eine Tasse heißen, leckeren Tee hingestellt, du nimmst den ersten Schluck und verbrühst dich. Komischerweise ist das immer nur bei den ersten kleinen Schlückchen so. Hinterher ist der Tee nicht mehr so heiß. Woran liegt das eigentlich?

Dazu brauchst du
3 Gläser
2 Tintenpatronen
Knete
Eiswürfel
1 Stopfnadel

Mach dazu diesen Versuch

1. Nimm deine beiden Tintenpatrone und verpasse ihnen ein „Kleid“ aus Knete. Du kannst sie wie eine dicke Wurst ringsum in Knete einrollen.
2. In das erste Glas wirfst du einige Eiswürfel und füllst es dann mit kaltem Wasser auf. In die anderen beiden Gläser kommt ganz warmes Wasser. So warm, wie es eben bei euch aus dem Wasserhahn kommt.
3. Versenke nun in einem der beiden Gläser mit dem warmen Wasser deine beiden Tintenpatronenwürste. Jetzt musst du fünf Minuten abwarten.
4. Wenn die Zeit um ist, angelst du dir die Patronen aus dem Wasserglas heraus. Nimm die Stopfnadel und bohre in jede der Patronen ein Loch. Du musst aber darauf achten, dass die Patronen auch richtig angestochen sind. Jetzt wirfst du die eine angestochene Tintenpatronenwurst in das Glas mit dem kalten Wasser und die andere in das Glas mit dem warmen Wasser. Was passiert?

Was passiert?
Die Tinte läuft in beiden Gläsern aus. Allerdings steigt die Tinte im kalten Wasser nach oben, im warmen Wasser verteilt sie sich etwa gleichmäßig. Mit deiner Tasse Tee ist es genauso. Der heißeste Tee ist immer oben am Rand der Tasse, daher verbrühst du dich auch leicht daran.

Das steckt dahinter

Die Tinte ist in dem warmen Wasser angewärmt worden. In dem kalten Wasser läuft sie aus und die warme Tinte steigt nach oben. Der Grund ist, dass warme Flüssigkeit nach oben steigt. Es ist also kein Quatsch, wenn du meinst, die ersten Schlückchen sind auch die heißesten Schlückchen. Versuche es in Zukunft einfach mit einem Strohhalm, so gelangst zu zuerst an die kühleren Stellen am Boden der Tasse.

Hörrohr

Wenn du wie der Blitz gelaufen bist, dann fühlst du, wie dein Herz so richtig schnell und laut klopft. Der Kinderarzt kann den Herzschlag sogar mit einem Stethoskop hören. Stethoskop heißt einfach gesagt Hörrohr. Hast du auch mal Lust, den Herzschlag von deinem Freund oder deiner Freundin zu hören?

Mach dazu diesen Versuch

1. Nimm einen Trichter und stecke ihn mit der dünnen Seite in das Ende des Schlauches hinein.
2. Klebe den Schlauch und den Trichter zusammen, indem du alles gut mit dem Klebeband umwickelst. Fertig ist dein selbst gebautes Stethoskop.
3. Jetzt kannst du den Trichter auf die Brust deines Freundes oder deiner Freundin setzten. Bum, bum, bum! Na, schlägt das Herz im Takt?

Was passiert?

Das Herz erzeugt bei seiner Arbeit Schallwellen. Diese Schallwellen werden in dem Trichter aufgefangen. Durch die Luft im Schlauch werden sie weiter bis zu deinem Ohr transportiert. So kannst du das Herz schlagen hören.

Das steckt dahinter

Das Herz versorgt unseren Körper mit frischem Blut. Das Blut wird in der Lunge mit Sauerstoff angereichert und dann vom Herzen aus zu allen Organen gepumpt, um sie ebenfalls mit Sauerstoff zu versorgen. Das sauerstoffarme Blut fließt dann von den Organen wieder zum Herzen zurück und wird anschließend wieder mit neuem Sauerstoff angereichert. So beginnt der Kreislauf in deinem Körper immer wieder von vorne. Das Herz pumpt im Ruhezustand etwa das gesamte Blut im Körper einmal pro Minute durch diesen Kreislauf. Das sind etwa fünf Liter pro Minute. Bei körperlicher Anstrengung sind es aber deutlich mehr. Bei dieser schweren Arbeit, die das Herz den ganzen Tag über für uns übernimmt, macht es auch Geräusche. So gehen beispielsweise Herzklappen bei jedem Pumpen auf und zu. Das kannst du mit deinem Hörrohr hören.

Hören

Dazu brauchst du
1 Trichter
1 Stück Schlauch
Klebeband

Schmecken

Jogurt

Wenn du mit zum Einkaufen gehst, dann kannst du in den Kühlregalen der Läden jede Menge bunter Jogurtbecher sehen. Einige sind groß, andere sehr klein, manche sind sogar aus Biomilch von ökologischen Bauernhöfen. Dann gibt es da welche mit Obst oder Schokolade. Die Auswahl fällt nicht leicht, am besten nehmen wir alle! Heute nicht! Für unseren Versuch legst du diesmal einen einfachen Becher Naturjogurt in den Wagen, der ist übrigens auch am günstigsten und du kannst dir mit ein wenig Fantasie die tollsten Jogurtkreationen selbst schaffen!

Mach dazu diesen Versuch

1. Nimm einen Topf und schütte ein Glas Milch hinein.
2. Bitte deine Mutter oder deinen Vater, dir die Milch im Topf kurz aufzukochen. Es ist besser, wenn dir dabei ein Erwachsener hilft, denn bei Milch geht das blitzschnell und du musst wirklich ununterbrochen in den Topf gucken. Milch kocht nicht so sprudelnd wie Wasser, sondern steigt im Topf höher und höher und läuft dann schäumend über den Topfrand auf den Herd. Das stinkt vielleicht! Also, gut aufpassen!
3. Nimm die Milch von der Herdplatte, sobald sie hochzusteigen beginnt! Lasse die Milch dann im Topf abkühlen und miss die Temperatur. Wenn die Milch eine Temperatur von 50 Grad Celsius hat, kippst du sie in das Marmeladenglas um.
4. Dann nimmst du den Löffel Jogurt und verquirlst ihn kräftig in der warmen Milch. Den Deckel legst du lose auf das Marmeladenglas und stellst es dann an die Heizung, oder vielleicht habt ihr einen Kamin? Nun musst du abwarten. So ungefähr acht oder neun Stunden.

Das steckt dahinter

Du weißt bestimmt, dass es überall um uns herum Bakterien gibt. Darunter sind nützliche und schädliche Bakterien. Die Bakte-

Dazu brauchst du
1 Tasse Milch
1 Teelöffel Naturjogurt
1 Topf
Herd
1 Wasserthermometer
1 sauberes Marmeladenglas mit Deckel

rien, die einen Schnupfen verursachen, magst du bestimmt auch nicht. Aber die Bakterien, die für uns Jogurt machen, ja, die sind prima. In jedem Jogurt sind diese Bakterien enthalten. Diese Bakterien hast du mit dem Löffel Jogurt in der warmen Milch verquirlt. Bei 50 Grad Celsius fühlen sich die Bakterien so richtig pudelwohl und vermehren sich. Sie essen den Zucker in der Milch auf und verwandeln ihn dabei in eine Säure: die Milchsäure. Reiner Jogurt schmeckt daher immer ein bisschen säuerlich. Wenn du möchtest, kannst du unter deinen Jogurt jetzt natürlich nach Belieben Früchte oder Müsli mischen.

Was passiert?

Fertig ist ein frisches Glas Jogurt! Du kannst ihn nun aufessen. Vielleicht mit Obst und geraspelter Schokolade? Oder magst du Vanillezucker und Cornflakes mit Joghurt? Oder Erdbeersoße? Du kannst den Versuch ja häufig wiederholen. Die Bakterien, die im Joghurt leben, kannst du dir wie winzig kleine Tierchen vorstellen. Sie müssen etwas essen, um zu leben. Sie futtern den Zucker in der Milch auf. Während unsere kleinen Jogurtiere den Zucker aufessen, entsteht die Säure. Aus der Milch wird Jogurt.

Beobachten

Kaleidoskop

Siehst du dir gerne schöne Bilder an? Magst du vielleicht Bilder, die sich immer verändern? Bilder, die in dem Moment nur du sehen kannst? Dann bau dir ein eigenes Kaleidoskop und du hast immer neue Zusammenstellungen von Bildern und Formen direkt vor deinem Auge.

Dazu brauchst du
Bastelkarton A4
Alufolie
Plastikfolie
Klebeband
Kleber
bunte Papierschnipsel
weißes Papier
Butterbrotpapier
Schere
Lineal

Mach dazu diesen Versuch

1. Beklebe deinen Bastelkarton komplett mit der Alufolie. Die glänzende Seite der Alufolie soll dabei oben sein!
2. Drehe den Bastelkarton herum und unterteile die Rückseite der Länge nach in drei gleich große Teile. Zeichne dazu mit dem Lineal zwei Längslinien.

3. Von einem der Endteile misst du nun einen kleinen Finger breit ab und zeichnest deine dritte Linie mit dem Lineal. Das wird dein Klebefalz.
4. Knicke den Bastelkarton an den drei Linien um. Jetzt kannst du den Bastelkarton zu einer dreieckigen Röhre knicken und ihn an dem kleinen Klebefalz mit Klebeband zusammenkleben. Die Alufolienseite ist natürlich innen!
5. Schneide nun ein Dreieck aus weißem Papier aus. Das Dreieck soll so groß sein, dass du es über das eine Ende deiner Röhre kleben kannst. Das heißt, du musst an jeder Seite des Dreiecks noch ein wenig Überstand haben, um es festzukleben. In die Mitte des Dreiecks bohrst du dir ein Guckloch.
6. Dann klebst du das Dreieck auf das eine Ende der Röhre. Schneide nun aus deiner Plastikfolie ebenfalls ein etwas größeres Dreieck für das andere Ende der Röhre.

Wenn du die Ecken des Dreiecks ein klein wenig einschneidest, kannst du es besser umknicken und festkleben.

7. Aus Butterbrotpapier schneidest du ein Dreieck, das genauso groß ist wie das Plastikdreieck. Nun wird es Zeit für die Schnipsel. Du kannst dir auch einen Locher nehmen, buntes Papier oder Folie lochen und dann die kleinen, runden Ausstanzungen, die du im Inneren des Lochers findest, benutzen!
8. Die Schnipsel füllst du zwischen dein Plastikdreieck und das Butterbrotpapierdreieck. Dann klebst du diese beiden Dreiecke mit den Schnipseln dazwischen zusammen. Vorsichtig! Die Schnipsel müssen sich noch bewegen können! Das fertige Schnipseldreieck musst du dann nur noch an das andere Ende deiner dreieckigen Röhre kleben. Die Plastikseite ist dabei außen.

Was passiert?

Wenn du nun durch dein Guckloch schaust und die andere Seite der Röhre ins Licht hältst, öffnet sich eine bunte Fantasiewelt! Das Licht fällt von der Röhre durch das Guckloch in dein Auge. Wenn du die Röhre drehst, fallen die Schnipsel zu immer neuen, bunten Mustern und Formen zusammen.

Das steckt dahinter

Durch das Plastikdreieck fällt Licht in deine Röhre ein. Die Alufolie fängt das Licht auf und spiegelt es mehrfach wider. Das Licht wird in der Röhre immer hin und her geworfen. Dabei fällt es auch auf die bunten Schnipsel und erzeugt die tollsten Muster. Jedes Mal, wenn du nun dein Kaleidoskop bewegst, verändert sich die Position der Schnipsel und der Lichteinfall. So entstehen immer wieder neue Eindrücke. Das Wort Kaleidoskop kommt übrigens aus dem Griechischen und bedeutet „Schönbildseher“.

Beobachten

Kamera

Bestimmt malst du gerne, oder? Manchmal ist es aber ziemlich schwierig, die richtigen Proportionen der Dinge zu treffen, die du gerne malen möchtest. Dann ist der Vogel auf deinem Bild auf einmal genauso groß wie der Regenwurm oder sogar wie das Haus, das du daneben gezeichnet hast. Ein toller Trick, damit dir das nicht passiert, ist der mit der einfachen Kamera. Diese Kamera ist schon vor über 1000 Jahren den Arabern bekannt gewesen. Der große Erfinder Leonardo da Vinci machte die Camera obscura auch in Europa bekannt. Die Camera obscura ist der Vorläufer unserer Fotoapparate.

Mach dazu diesen Versuch

1. Bohre mit einer spitzen Schere ein kleines Loch in den Boden einer Schachtel. Die gegenüberliegende Seite der Schachtel ist offen.
2. Nimm jetzt das Butterbrotpapier und spanne es über die Schachtel. Achte darauf, dass das Butterbrotpapier nicht faltig ist und alles komplett abgedeckt ist.
3. Knicke dann das Butterbrotpapier an den Seiten deiner Schachtel um und klebe es mit Tesafilm fest. Wenn du das geschafft hast, kannst du den Bleistift, das Handtuch und natürlich deine Kamera mit nach draußen nehmen.

Dazu brauchst du
1 Schachtel aus Pappe
Butterbrotpapier
Tesafilm
1 spitze Schere
1 Bleistift
1 großes Handtuch

4. Im Freien kannst du dir jetzt ein schönes Motiv suchen, das du gerne malen möchtest. Vielleicht einen dicken Baum oder euer Haus? Durch das Loch kannst du den Ausschnitt auch genau bestimmen.
5. Stelle die Kamera mit der Butterbrotpapierseite zu dir hin auf. Jetzt nimmst du das große Handtuch und deckst deinen Kopf und die Kamera damit zu. Aufgepasst, nicht das kleine Loch verdecken!

Das steckt dahinter

Licht wird von Gegenständen reflektiert, also zurückgeworfen. Dieses Licht fällt bei deiner Kamera durch das kleine Loch ein und auf das Butterbrotpapier. Was in der Kamera passiert, ist ähnlich wie das, was in deinem Auge auf der Netzhaut geschieht. Die Lichtstrahlen fallen durch die Pupille und Linse ins Innere deines Auges. Durch die Lichtstrahlen werden die Nerven in deinem Auge angeregt, Signale ans Gehirn zu senden, die dort dann ein „Bild“ ergeben. Die Pupille kannst du mit dem kleinen Loch in deiner Kamera vergleichen. Die Linse in deinem Auge bündelt die Lichtstrahlen und dreht sie um. Die Bilder stehen auf dem Kopf. Diese Strahlen landen nun auf der Netzhaut. Die Netzhaut ist dabei ähnlich wie das Butterbrotpapier deiner Kamera.

Was passiert?

Wenn du nun durch deine Kamera in die helle Landschaft schaust, dann erscheint das Bild auf dem Kopf stehend auf dem Butterbrotpapier. Von der Netzhaut aus leitet der Sehnerv die Signale, die er empfängt, an das Gehirn weiter. Das Gehirn verwertet diese Informationen, macht ein Bild daraus und dreht es sogar noch um. Sonst stände unsere Welt ja auf dem Kopf. Das Bild ist natürlich kleiner als in der Wirklichkeit, aber die Proportionen stimmen haargenau. Jetzt kannst du mit deinem mitgebrachten Bleistift auf dem Butterbrotpapier deiner Kamera das Bild abzeichnen. Wenn du ein neues Bild malen möchtest, dann musst du einfach nur das Butterbrotpapier austauschen und es kann wieder von vorne losgehen.

Beobachten

Kerzenzauber

Kerzenlicht ist sehr angenehm. Vor allem im Winter, wenn es so früh dunkel wird und es draußen stürmt und regnet, macht es unsere Wohnungen gemütlich. Bevor es dann ab ins Bett geht, werden natürlich alle Kerzen ausgepustet. Das darf man nie vergessen. Aber es gibt auch noch geheimnisvollere Methoden, eine Kerze zum Erlöschen zu bringen!

Dazu brauchst du
1 kleines Glas
1 Tasse
Backpulver
Essig
1 Teelöffel
1 Teelicht
Feuerzeug

Mach dazu diesen Versuch

1. Lass dir bei diesem Versuch am besten von einem Erwachsenen helfen. Bitte jemanden, dir ein Teelicht anzuzünden.
2. Das brennende Teelicht stellst du nun in ein Glas.
3. Nimm eine Tasse und streue einen Löffel Backpulver hinein. Dann gib einen Schluck Essig hinzu. Oh, welche Brodelbrühe! Es schäumt ganz schön! Wenn du die Hand auf die Tasse legst, kannst du einen leichten Druck fühlen. Das kommt von dem Gas, das sich in der Tasse bildet. Nimm nun die Hand von der Tasse weg und tu so, als ob du den Inhalt über der Kerze auskippen würdest. Aber halt, nur so tun als ob! Die Flüssigkeit soll in der Tasse bleiben!

Was passiert?

Du hältst die Tasse über die brennende Kerze und siehe da, die Kerze geht aus! Das Kohlendioxid fällt aus der Tasse auf die Kerzenflamme nieder. Die Flamme hat deshalb nicht mehr ausreichend Sauerstoff und geht aus.

Das steckt dahinter

Bei der Verbindung von Essig und Backpulver entsteht Kohlendioxid. Du kannst es zwar nicht sehen, aber es ist da, denn das Gas ist unsichtbar. Kohlendioxid ist allerdings schwerer als Luft und deshalb läuft es heraus, sobald du die Tasse kippst.

Kichererbsen

Ob die Menschen in Indien besonders lustig sind, weil sie oft und gerne Kichererbsen essen? Wissenschaftlich bewiesen ist diese Heiterkeit nicht! Fest steht aber, dass in Indien die Kichererbsen zuerst gegessen wurden. Sie sind sehr gesund. Aber heißen Kichererbsen nun so, weil sie wirklich kichern? Lass dich überraschen!

Mach dazu diesen Versuch

1. Stelle ein hohes Glas in einen Suppenteller und fülle das Glas mit den Kichererbsen. Nimm so viele, wie es nur eben geht. Du kannst ruhig einen kleinen Erbsenhügel auf dem Glas anhäufen.
2. Gieße nun Wasser in das mit Kichererbsen befüllte Glas und dann warte ab. Falls deine Erbsen nicht kichern wollen, musst du einfach noch etwas Wasser in das Glas schütten und dann gelingt das Experiment schon!

Was passiert?

Du wirst sehen, der Erbsenhügel wächst vor deinen Augen und wird immer größer. Bald haben nicht mehr alle Erbsen genügend Platz im Glas. Ein Rumoren beginnt im Glas. Die Erbsen bewegen sich. Dann stürzen die ersten über den Glasrand hinweg in die Tiefe. Dabei ertönt ein Geräusch, das sich wie ein leises, hohes Kichern anhört!

Das steckt dahinter

Die Kichererbsen saugen das Wasser, das du in das Glas geschüttet hast, auf. Dadurch quellen sie auf. Sie werden größer. Irgendwann sind alle Erbsen ganz dick und passen nicht mehr in das Glas hinein. Die ersten Erbsen müssen dann aussteigen und purzeln lustig über den Glasrand auf den Tisch.

Hören

Dazu brauchst du
1 hohes Glas
1 Tüte Kichererbsen
Wasser
1 Suppenteller

Beobachten

Kirschenplatzen

Draußen regnet es in Strömen , alles ist klatschnass und sowohl die Pflanzen als auch die Bäume haben nach einer langen Sonnenperiode endlich wieder richtig etwas zu trinken. Aber wie kommt das Wasser eigentlich in die Pflanzen und Bäume? Natürlich über die Wurzeln! Was für eine Frage, das weiß doch jedes Kind! Aber weißt du auch, warum die Kirschen an den Bäumen platzen, wenn es lange regnet? Mit diesem Versuch kommst du dem Geheimnis auf die Spur!

Dazu brauchst du
2 Gläser
warmes Wasser
3 Esslöffel Zucker
frische Kirschen

Mach dazu diesen Versuch

1. Fülle eines der Gläser mit warmem Wasser und löse darin den Zucker auf.
2. Lass das Wasser abkühlen und lege dann eine frische Kirsche in das Zuckerwasser.
3. In das andere Glas füllst du nur kaltes Wasser und legst auch da eine Kirsche hinein. Jetzt musst du dich einige Stunden gedulden, bevor du etwas sehen kannst.
4. Nach vier bis fünf Stunden schaust du dann in deine Gläser. Was siehst du?

Das steckt dahinter

Das Zuckerwasser ist eine so genannte Lösung. Das heißt, in dem Wasser ist etwas aufgelöst. Bei deinem Experiment Zucker. Lösungen wollen sich immer verdünnen. Daher zieht die Zuckerlösung das Wasser aus

der Kirsche heraus. Durch kleine Poren in der Kirschenhaut tritt das Wasser aus. Der Kirsche fehlt nun das Wasser und sie wird schrumpelig. Diesen Vorgang nennt man auch Osmose. In dem anderen Glas ist die Sache genau umgekehrt. Kirschen sind süß. Der Kirschsaft besteht aus Wasser und dem darin gelösten fruchteigenen Zucker. Du kennst ihn auch als Traubenzucker. Diese Zuckerlösung in der Kirsche will sich ebenfalls verdünnen. So nimmt das Wasser den umgekehrten Weg durch die Poren der Kirschenhaut. Das geschieht so lange, bis die Kirsche platzt. Dieser Druck, der in der Kirsche entsteht, heißt osmotischer Druck.

Die Osmose ist übrigens auch für die Quellkraft der Pflanzen verantwortlich. Der osmotische Druck in einer Pflanze kann übrigens auch sehr stark werden – nicht nur so wie bei der Kirsche, die sehr schnell platzt. Es gibt Pflanzen, deren „Haut“ viel stabiler ist. Das nutzen die Pflanzen dann aus, wenn sie keimen. Einige entwickeln dann einen so hohen Druck, dass sie sogar Steine wegschieben oder durch die Straßendecke brechen können. Jetzt weißt du auch, warum es manche Pflanzen sogar durch eine dicke Teerschicht bis ans Tageslicht schaffen.

Was passiert?

Die Kirsche in der Zuckerwasserlösung ist schrumpelig und faltig geworden. Sieht nicht besonders lecker aus, oder? Die Kirsche in dem reinen Wasser ist besonders dick geworden und vielleicht sogar schon geplatzt.

So funktioniert es auch an den Bäumen: Bei länger anhaltendem Regen will die Zuckerlösung der Kirsche sich mit dem reinen Regenwasser verdünnen. Das geschieht durch die Haut der Kirsche. Irgendwann ist es zu viel Wasser für die kleine Kirsche. Die Kirsche platzt.

Beobachten

Kläranlage

Was geschieht eigentlich mit unserem dreckigen Wasser? Wenn du geduscht hast oder auf der Toilette warst, verbrauchst du ja schließlich einiges davon. Anschließend ist es dann auch schmutziger als vorher. Viel schmutziger. Wie bekommt man es eigentlich wieder sauber? Oder wird es einfach schmutzig in die Seen und Flüsse zurückgeleitet? Nein, es wird geklärt und gesäubert. In riesigen Kläranlagen. Du kannst dir solch eine Kläranlage als Miniaturausgabe selbst bauen und ausprobieren wie es funktioniert.

Dazu brauchst du
1 leere Plastikflasche
1 Filtertüte
Sand
kleine Kiesel
Aktivkohle (z. B. aus dem Zoofachhandel)
2 leere Marmeladengläser
Wasser
Erde
1 Tintenpatrone
1 spitze Schere
1 Löffel

Mach dazu diesen Versuch

1. Schneide den Boden aus einer Plastikflasche heraus. Bohre dazu vorsichtig mit der Scherenspitze unten ein Loch in die Flasche und schneide dann den Boden los. Vielleicht lässt du dir dabei von einem Erwachsenen helfen.
2. Jetzt schneidest du von der Filtertüte das untere Ende ab. Diese abgeschnittene Filtertütenspitze befeuchtest du nun mit etwas Wasser und legst sie von innen in die Plastikflasche. Direkt in den Hals der Plastikflasche. Achte darauf, dass das Papier der Filtertüte gut an dem Hals der Plastikflasche anliegt. Es soll keine Falten werfen.
3. Schütte nun eine fünf Zentimeter hohe Schicht Aktivkohle in den befeuchteten Filter hinein.
4. Dann füllst du eine Schicht Sand auf die Aktivkohle.

5. Auf die Sandschicht kommen dann die kleinen Kieselsteine.
6. Fülle ein Marmeladenglas mit Wasser und gib eine Hand voll Erde dazu. Schneide die Tintenpatrone auf und tropfe die Tinte ebenfalls in das Marmeladenglas. Rühre alles kräftig mit dem Löffel um und du hast wunderbar dreckiges Wasser für deinen Versuch.
7. Die befüllte Plastikflaschenkläranlage stellst du nun mit der kleinen Öffnung nach unten in das andere, leere Marmeladenglas. Dieses Marmeladenglas ist jetzt dein Auffangbehälter. Nun kannst du das Schmutzwasser von oben in deine Miniaturkläranlage kippen. Die Reinigung startet! Beobachte genau, was passiert!

Das steckt dahinter

Deine Miniaturkläranlage filtert die Verschmutzungen aus dem Wasser heraus. Der Dreck bleibt im Filter hängen. Nur das saubere Wasser läuft in das leere Marmeladenglas hinein. Damit der Schmutz möglichst vollständig aus dem Wasser entfernt wird, muss das Abwasser auch in einer Kläranlage mehrere Stufen durchlaufen. Mit unterschiedlichen Verfahren werden so die verschiedensten Stoffe herausgefiltert bis das Wasser schließlich gereinigt wieder in den Fluss geleitet wird.

Die Aktivkohle filtert die Tinte aus dem Wasser heraus. Wenn du keine Aktivkohle hast, dann lass die Tinte einfach weg und schichte stattdessen eine höhere Schicht Kieselsteine in der Flasche auf.

Was passiert?

In dem leeren Marmeladenglas kommt frisch gereinigtes Wasser an. Der Sand, die Kiesel und die Aktivkohle reinigen das verschmutzte Wasser. Der Schmutz bleibt dort einfach hängen. Nach diesem Prinzip funktionieren auch die großen Kläranlagen.

Fühlen

Klebekamm

Hast du auch schon einmal – beispielsweise an einem Weidezaun – so ganz ohne Vorwarnung einen leichten Stromschlag bekommen? Das ist ein ziemlich unangenehmes Gefühl, nicht wahr? Du erschreckst dich und dann kribbelt es auch noch überall. Du kannst mit diesen elektrostatischen Aufladungen aber auch eine Menge Spaß haben und deine Freunde verblüffen! Und das auch noch völlig ungefährlich!

Dazu brauchst du
1 Kamm
1 Schal aus Wolle
Papierschnipsel
1 Tischtennisball

Mach dazu diesen Versuch

1. Verteile deine Papierschnipsel auf dem Tisch.
2. Reibe deinen Kamm nun an dem Wollschal. Du kannst ihn ruhig einige Male kräftig hin und her reiben!
3. Halte den Kamm jetzt in die Nähe der Papierschnipsel. Was passiert?
4. Reinige deinen Kamm nun von den kleinen Anhängseln und lege den Tischtennisball auf den Tisch. Reibe den Kamm wieder an deinem Wollschal und bringe ihn in die Nähe des Tischtennisballs.

Was passiert?

Wenn du den Kamm in die Nähe der Papierschnipsel bringst, fliegen sie auf und bleiben daran kleben. Wenn du den Kamm wieder am Schal reibst und in die Nähe des Tischtennisballs bringst, rollt er auf den Kamm zu. Die Papierschnipsel und der Tischtennisball erhalten in der Nähe des aufgeladenen Kamms eine positive Ladung. So werden sie von dem negativ geladenen Kamm angezogen.

Das steckt dahinter

Alle Gegenstände haben eine Ladung. Diese Ladung ist positiv oder negativ. In dem Moment, in dem du den Kamm am Schal reibst, lädt er sich elektrostatisch auf. Das passiert, weil die negative Ladung vom Schal durch das Reiben auf den Kamm übertragen wird. Zwei negativ geladene Gegenstände stoßen sich ab. Aber positive und negative Dinge ziehen sich an.

Kletterwasser

Beobachten

Dieses Experiment machst du am besten im Freien und zusammen mit einem Freund oder einer Freundin. Ihr könnt dabei beobachten, wie Wasser bergauf und dann wieder bergab fließt, und das auch noch fast von alleine.

Mach dazu diesen Versuch

1. Fülle einen Eimer mit Wasser. Bis zur Hälfte reicht, sonst bricht dein Freund oder deine Freundin möglicherweise unter dem Gewicht zusammen.
2. Dein Freund oder deine Freundin soll nun den gefüllten Wassereimer umarmen und festhalten.
3. Stell nun den leeren Eimer auf den Boden und stecke das eine Schlauchende in den vollen Wassereimer.
4. Das andere Ende des Schlauches nimmst du in den Mund. Sauge jetzt fest an dem Schlauch. Dann aber schnell den Schlauch in den leeren Eimer legen!

Was passiert?

Lass den Schlauch nicht im Mund, sonst wirst du betankt wie ein Jumbojet und siehst nachher auch so aus! Das Wasser läuft nun zuerst in dem gefüllten Eimer durch den Schlauch bergauf und dann in den leeren Eimer hinein. Der Eimer ist natürlich ganz schnell voll. Hebst du jetzt den niedrigeren Eimer höher als den gefüllten, hört das Wasser sofort auf zu fließen. Stellst du beide Eimer auf die gleiche Höhe, hört das Wasser auf zu fließen, sobald in beiden Eimern der gleiche Wasserstand ist.

Das steckt dahinter

Wenn zwei Gefäße, in unserem Versuch die Eimer, durch einen Schlauch miteinander verbunden werden, will das Wasser in den beiden Gefäßen den gleichen Wasserstand erzeugen. Da in unserem Experiment aber der eine Eimer tiefer als der andere Eimer steht, fließt der gefüllte Eimer vollständig leer.

Dazu brauchst du
2 große Eimer
Wasser
2 Meter Schlauch

Beobachten

Kristalle

Wenn du dir Zucker und Salz ganz genau anschaust, kannst du winzig kleine, glitzernde Teilchen entdecken. Miniaturkristalle. Größere Kristalle kennst du bestimmt auch, beispielsweise den Kandiszucker. Der knistert doch immer so schön, wenn man ihn in eine Tasse heißen Tee wirft. Wusstest du, dass man solche Kristalle auch selbst wachsen lassen kann? Das dauert zwar einige Tage, aber es sieht ganz toll aus!

Mach dazu diesen Versuch

1. Nimm zwei Einmachgläser und fülle sie zur Hälfte mit warmem Wasser.
2. In einem Glas löst du so lange Zucker auf, bis du eine gesättigte Zuckerlösung erhältst. Das geht so: Du nimmst zuerst einen Teelöffel Zucker und wartest ab, bis der sich ganz in dem warmen Wasser aufgelöst hat. Ist der Zucker verschwunden, nimmst du den nächsten Teelöffel mit Zucker und löst ihn auf. Das machst du so lange, bis sich der Zucker nicht mehr auflöst. Dann ist die Lösung gesättigt. Du kannst dir das ganz leicht merken, denn wenn du satt bist und beim besten Willen nichts mehr in dich hineinbekommst, dann bist du auch gesättigt!
3. Nun nimm das andere Einmachglas und stelle eine gesättigte Salzlösung her. Du weißt ja jetzt, wie das geht!
4. Wenn du dann deine beiden Lösungen fertig hast, knote an die Kochlöffel mit ein wenig Abstand zueinander jeweils drei Zwirnfäden. Die Fäden müssen so lang sein, dass sie bis zum Boden der Einmachgläser baumeln, wenn du den Kochlöffel quer darüberlegst.
5. Lege die Löffel mit den Fäden nun über die zwei Gläser mit den gesättigten Lösungen und lasse die Fäden in die Gläser hängen.
6. Die zwei Pappen deckst du über die Öffnungen. Je langsamer nämlich das Wasser verdunstet, desto schöner werden deine Kristalle wachsen. Leider musst du jetzt einige Tage abwarten, bis du das Ergebnis des Experiments sehen kannst.

Dazu brauchst du
Zucker
Salz
Wasser
2 Einmachgläser
2 Kochlöffel
Zwirn
2 Pappen

Was passiert?

Langsam werden an den Fäden kleine Kristalle wachsen. Sie werden von Tag zu Tag größer. Wenn sie dann etwa 0,5 Zentimeter groß sind, kannst du sie von den Fäden abnehmen. Du kannst deine selbst gezüchteten Kristalle dann trocknen lassen und dir damit eine Kristalllandschaft bauen. Vielleicht legst du Kastanien, Zweige und rote Blätter dazu, dann hast du deinen eigenen kleinen Winterkristallwald! Wenn sich die kleinen Teilchen eines Stoffes beim Verdampfen der Lösungen nebeneinander legen und Kristalle ausbilden, nennt man das auch Auskristallisierung.

Das steckt dahinter

Viele Stoffe bilden Kristalle. Man kann anhand der Form der Kristalle sogar feststellen, um welchen Stoff es sich handelt. Vergleiche deine Zucker- und Salzkristalle! Kristalle entstehen, wenn sich die kleinen Teilchen einer Lösung schön der Reihe nach nebeneinander legen. Je mehr Zeit diese kleinen Teilchen dafür haben, umso schöner werden die Kristalle. Einige Stoffe bilden würfelförmige Kristalle, andere sehen aus wie Nadeln oder gestapelte Dreiecke.

Ganz tief unter der Erdoberfläche haben Kristalle sogar oft hunderte von Jahren Zeit gehabt zu wachsen und wunderbare Formen entwickelt!

Fühlen

Lastentransport

Du kennst doch bestimmt die Pyramiden in Ägypten. Vielleicht hast du sogar das große Glück gehabt, sie nicht nur in einem Buch oder im Fernsehen zu sehen, sondern hast selbst schon staunend davorgestanden. Hast du dich da nicht auch gefragt, wie die alten Ägypter diese riesigen, schweren Quadersteine bewegt haben? Und vor allem, wie sie es wohl geschafft haben die Steine in einer solchen Höhe zu verbauen? Kräne, Bagger oder Schrägaufzüge gab es damals natürlich noch nicht. Aber wie haben die Ägypter dann bloß diese schweren Steine transportiert ohne die moderne Technik von heute schon zu kennen?

Mach dazu diesen Versuch

1. Lege einige Bücher in einem Stapel auf deinen Tisch.
2. Nimm ein Gummiband und schneide es auf.
3. Befestige nun das eine Ende des Gummibandes vorne an einem Spielzeugauto.
4. Hebe das Auto am Gummiband bis zur Kante des Bücherstapels in die Höhe. Dein Auto baumelt jetzt an dem Gummiband. Das Gummiband dehnt sich unter der Last des Spielzeugautos aus.
5. Miss mit dem Zollstock oder dem Maßband die Länge des gedehnten Gummibandes aus.
6. Jetzt nimmst du das Frühstücksbrett und legst es schräg an den Bücherstapel an. Falls es dir wegrutscht, kannst du ja einen Stein oder ein Buch unten zur Beschwerung anlegen.
7. Stelle dein Auto auf diese schräge Ebene und ziehe es am Gummiband bis zur Kante des Bücherstapels hinauf. Miss nun wieder die Länge des gedehnten Gummibandes nach. Welchen Unterschied kannst du erkennen?

Dazu brauchst du
Einige Bücher
1 Frühstücksbrett
1 Spielzeugauto
1 Gummiband
Zollstock oder
Maßband

Was passiert?

Das Gummiband ist weniger stark gedehnt als beim ersten Versuch. Du kannst den Versuch auch mit unterschiedlich schweren Spielzeugautos machen und dabei vergleichen, wie sich das Gummiband jeweils ausdehnt.

Die geneigte Ebene ist eine Art Hebel. Statt viel Kraft aufzuwenden, wird der Weg länger. Du benutzt ganz häufig eine geneigte Ebene, zum Beispiel, wenn du eine Treppe steigst. Auch sie führt in der Regel nicht wie eine Leiter senkrecht nach oben, sondern macht mehrere Windungen.

Das steckt dahinter

Du kannst sehen, dass es viel leichter geht, einen schweren Gegenstand über eine schräge Ebene hinaufzuziehen, als ihn gerade hochzuheben.

Dein Spielzeugauto musste zwar einen längeren Weg zurücklegen, aber dafür benötigst du nicht so viel Kraft. Wenn du das Auto direkt senkrecht hochhebst, dehnt sich das Gummiband weiter aus und du brauchst mehr Kraft.

Es ist also viel einfacher, einen Gegenstand über eine schräge Ebene zu ziehen, als ihn anzuheben. Die alten Ägypter wussten das auch und schütteten zum Bau ihrer Pyramiden schräg nach oben führende Rampen an. Nachdem ein Abschnitt fertig gestellt war, wurden diese Rampen dann wieder entfernt. Ein ähnlicher Trick wird heute noch in den Bergen beim Bau von Straßen angewendet. Die Straßen werden nicht geradeaus den Berg hinauf gebaut, sondern winden sich schlangenlinienförmig den Berg hinauf. Es ist für die Autos viel leichter, in Kurven den Berg hinaufzufahren, als ihn senkrecht zu erklimmen.

Beobachten

Lichtreflexion

Die Sonne strahlt hell, also kannst du sie sehen. Eine Taschenlampe leuchtet, du kannst sie sehen. Eine Kerze macht schönes, gemütliches Licht, du kannst sie ebenfalls sehen. Dein Schreibtisch leuchtet auch, du kannst ihn sehen. Halt! Wieso leuchtet dein Schreibtisch? Das ist doch Quatsch! Aber wieso kannst du ihn sehen, wenn er gar nicht leuchtet? Wieso kannst du so viele Dinge sehen, die keine eigene Lichtquelle haben? Und warum haben die Gegenstände unterschiedliche Farben?

Mach dazu diesen Versuch

1. Lege alle Blätter und den Spiegel nebeneinander auf den Tisch.
2. Verdunkle den Raum. Nimm nun die Taschenlampe und richte ihren Lichtstrahl, natürlich nachdem du sie eingeschaltet hast, auf das schwarze Blatt Papier. Was siehst du? Wie hell ist es im Raum?
3. Richte nun den Strahl der Taschenlampe auf das weiße Blatt Papier. Verändert sich etwas? Wird es heller?
4. Jetzt strahlst du nacheinander das bunte Papier an. Bekommt dein Zimmer eine andere Farbe? Wird es heller oder dunkler? Was kannst du beobachten?
5. Ganz zum Schluss richtest du den Strahl der Taschenlampe auf den Spiegel. Was geschieht nun? Wenn du dann noch an

Dazu brauchst du
1 Taschenlampe
1 Spiegel
1 Blatt weißes Papier
1 Blatt schwarzes Papier
einige Blätter buntes Papier

einem nebligen Abend die Taschenlampe einfach in den Himmel hältst, dann kannst du die einzelnen Lichtstrahlen ganz deutlich sehen.

Das steckt dahinter

Die Blätter werfen das Licht, dass du mit dem Strahl der Taschenlampe auf sie wirfst, zurück. Ein Teil dieses zurückgeworfenen Lichtes fällt in dein Auge. Nur deshalb kannst du die Blätter sehen. Aber es gibt große Unterschiede zwischen den farbigen Blättern und dem Spiegel. Das hast du ja selbst gesehen! Das weiße Blatt Papier wirft sehr viel Licht zurück, du hast den Eindruck, dass es im Zimmer heller wird. Das liegt daran, weil das weiße Blatt das Licht in alle Richtungen streut. Das schwarze Blatt Papier wirft dagegen kaum Licht zurück. Es sieht so aus, als ob das Licht von dem schwarzen Blatt aufgesogen wird und fast verschwindet.

Das bunte Papier wirft das Licht zurück, aber das weiße Licht deiner Taschenlampe wird dabei farbig. Es wird ebenfalls in alle Richtungen gestreut. Der Spiegel wirft dir alles Licht zurück. Und zwar genauso, wie du es hineinstrahlst. Der Spiegel zerstreut das Licht nicht. Die Strahlen gehen von deiner Taschenlampe aus in den Spiegel und werden dann in eine andere Richtung wieder zurückgeworfen. Der Nebel bei deinem abendlichen Versuch macht die Lichtstrahlen deiner Taschenlampe sichtbar. In dem Nebel sind viele kleine Wassertröpfchen und die einzelnen Tröpfchen streuen das Licht deiner Lampe. Daher kannst du die Strahlen so gut sehen.

Was passiert?

Gegenstände reflektieren Licht. Dabei genügt schon das ganz normale Tageslicht. Es muss nicht immer so sein, dass sie von einer Taschenlampe oder von der Sonne direkt angestrahlt werden. Sie werfen es zurück und es fällt dann in dein Auge. Es hängt von der Farbe und der Größe der Dinge ab, wie hell oder dunkel du sie siehst. Mit einem Spiegel kannst du die Richtung von Lichtstrahlen verändern. Ansonsten bleiben sie so hell, wie du sie in den Spiegel hineinschickst.

Beobachten

Lichtzauber

Bestimmt siehst du dir auch gerne einen Regenbogen an. Wenn es draußen regnet und gleichzeitig die Sonne lacht, dann erscheint ein solcher Lichtzauber immer am Himmel. Das sieht dann aus, als hätte jemand mit einem dicken Pinsel und einem riesigen Wassermalkasten die Farben einfach auf den Himmel gemalt. Aber es gibt ja keinen solch großen Farbkasten. Doch wie entstehen dann eigentlich ein Regenbogen und seine schillernden Farben?

Dazu brauchst du
Einen sonnigen Tag
Gartenschlauch

Mach dazu diesen Versuch.

Du brauchst nicht immer darauf zu warten, dass es bei Sonnenschein regnet, um einen Regenbogen zu sehen. Du kannst dir auch einfach einen Regenbogen selbst machen.

1. Am besten wartest du bis zum Nachmittag ab. Stelle dich mit deinem Gartenschlauch in der Hand mit dem Rücken zur Sonne.
2. Drehe den Wasserhahn so an, dass das Wasser in einem breiten Fächer aus dem Schlauch spritzt! Du kannst auch einen Finger an die Schlauchöffnung vorne legen, dann wird der Strahl besser verteilt.
3. Schon nach kurzer Zeit wird in deinem Wasser ein bunter Regenbogen erscheinen. Kannst du die Farben genau erkennen?

Was passiert?

Dein Regenbogen erstrahlt ganz außen in einem kräftigen Rot, dann folgen Orange, Gelb und Grün und zum Schluss Blau und Violett. Man nennt diese Farben auch die Spektralfarben. Jede der Farben wird unterschiedlich stark gebrochen. Violettes Licht wird stärker gebrochen als rotes Licht. Dadurch wird das weiße Licht in die einzelnen Farben aufgefächert. Es entsteht ein Regenbogen.

Das steckt dahinter

Die Farben in deinem Regenbogen entstehen durch das weiße Licht der Sonne. Weißes Licht ist nicht nur weiß, sondern besteht aus einer Mischung verschiedener Farben. Die feinen Wassertröpfchen brechen das weiße Licht. Das heißt, in jedem kleinen Tropfen wandern die einfallenden Lichtstrahlen hin und her. Wenn sie den Tropfen wieder verlassen, entsteht eine andere Farbe.

Linsensprengung

Linsensuppe schmeckt ziemlich lecker, vor allem wenn genügend Würstchen darin sind. Aber wusstest du, dass Linsen hochexplosiv sind? Dass du ganze Felsen mit ihnen wegsprengen kannst? Das harmlos aussehende Mittagessen ist gar nicht so ungefährlich, wie es aussieht. Aber du brauchst jetzt keine Angst um die Würstchen auf deinem Teller zu haben!

Mach dazu diesen Versuch

1. Fülle einen Plastikbecher zur Hälfte mit Wasser.
2. Schütte dann so lange Gipspulver in das Wasser, bis sich ein richtiger Gipshaufen auf dem Wasser gebildet hat.

3. Rühre nun vorsichtig mit dem Löffel um, bis ein gleichmäßiger Brei entstanden ist.
4. Jetzt nimmst du eine Hand voll Linsen und rührst sie mit in den Gipsbrei ein. Nun musst du ein wenig warten, bis der Gips hart ist. Aber nicht erschrecken, wenn du wieder nach deinen Linsen siehst!

Was passiert?

Nach einigen Stunden ist der Becher geplatzt und der harte Gips zersprungen. Die Linsen haben alles gesprengt! Durch das Wasser im Gips beginnen die Linsen sofort zu quellen und zu keimen. Dabei entstehen unvorstellbar große Kräfte. Dadurch wird der Becher samt dem schon gehärteten Gips gesprengt.

Das steckt dahinter

Sobald die Linsen mit Wasser in Berührung kommen, werden enorme Kräfte freigesetzt. Die Menschen in der Antike haben dies auch schon gewusst und mit Linsen ganze Felsen in kleinere Teile gesprengt. Dazu haben sie einfach in die Felsspalten Linsen gefüllt und mit Wasser übergossen. Nun mussten sie nur noch warten, bis sich die schwere Arbeit von fast allein erledigt hatte.

Beobachten

Dazu brauchst du

1 durchsichtigen Plastikbecher
trockene Linsen
Gipspulver
Wasser
1 Löffel

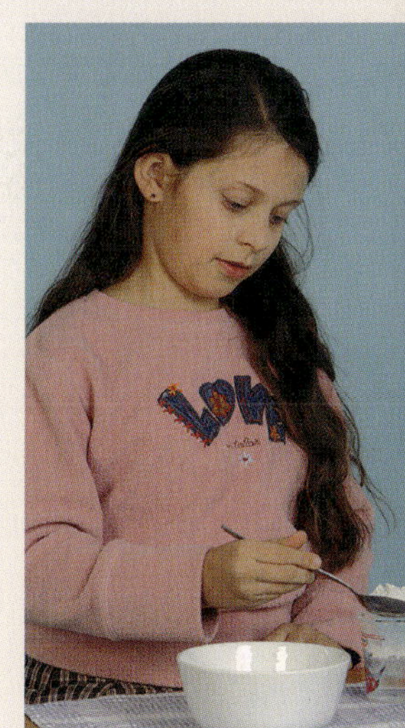

Beobachten

Litfaßsäule

Es stürmt und windet draußen, dass man beinahe wegfliegt. Tolles Wetter, um einen Drachen steigen zu lassen, aber doch nicht, um auf jemanden zu warten. Du stehst schon seit fünf Minuten in dem eisigen Wind und deine Verabredung kommt nicht! Aber da vorne ist ja eine Litfaßsäule! Du stellst dich einfach dahinter und bist so vor dem Wind geschützt. Oder etwa doch nicht?

Dazu brauchst du
1 runde Glasflasche
1 Milchtüte
1 Kerze
Feuerzeug

Mach dazu diesen Versuch

1. Bitte einen Erwachsenen, dir die Kerze anzuzünden und bei dir zu bleiben, bis das Experiment beendet ist. Sicher ist sicher!
2. Stelle nun die brennende Kerze hinter eine Milchtüte. Falls die Tüte schon leer ist, dann fülle etwas Wasser hinein, damit sie besser stehen bleibt. Die Milchtüte ist sonst zu leicht.
3. Puste jetzt kräftig gegen die Milchtüte. Nichts geschieht, die Kerze brennt ruhig weiter, als ob überhaupt nichts gewesen wäre!
4. Nun nimmst du die runde Glasflasche und stellst die Kerze dahinter. Puste wieder fest gegen die Flasche. Nanu?

Was passiert?
Wenn die Kerze hinter der Milchflasche steht und du von hinten pustest, erlischt die Flamme. Die Luft strömt hinter der runden Flasche fast ungeschwächt weiter. Bei der Milchtüte funktioniert das nicht, denn die Ecken verwirbeln die Luft.

Das steckt dahinter

Die Luft, die du mit deinem Pusten in Bewegung versetzt, strömt um die Rundungen der Flasche herum. Sie schmiegt sich richtig an die Flasche heran. Der äußere Luftdruck drückt zusätzlich die strömende Luft gegen die Flasche. Also such dir beim nächsten Regen doch besser ein anderes Plätzchen als eine Litfaßsäule um dich vor dem Regen zu schützen und dich unterzustellen.

Löffelbruch

Der Löffel war doch eben noch gerade! Du hast es genau gesehen. Bevor er in das Glas mit Wasser gestellt wurde, war er bestimmt noch nicht so abgebrochen und krumm. Und alles nur, weil du unbedingt die Kohlensäure aus dem Sprudel herausrühren wolltest. Deine Mutter wird schön gucken, wenn der gute Löffel kaputt ist! Anscheinend hast du größere Kräfte, als du dachtest, oder gibt es eine ganz andere Erklärung?

Mach dazu diesen Versuch

1. Fülle ein Glas über die Hälfte mit Wasser.
2. Stelle dann einen Teelöffel in das Glas hinein. Wenn du nun von der Seite schaust, dann sieht es so aus, als ob der Löffel abgebrochen wäre. Und zwar genau an der Stelle, wo das Wasser aufhört.
3. Ziehe den Löffel nun langsam ein Stückchen höher und schaue dir ihn wieder an. Jetzt ist er an einer anderen Stelle kaputt. Aber hättest du nicht bemerkt, wenn du ihn zerbrochen hättest?
4. Ziehe ihn noch ein wenig weiter aus dem Wasser heraus und der Löffel hat schon wieder eine neue Bruchstelle! Handelt es sich um einen Zauberlöffel?

Was passiert?

Nein, es ist einfach nur eine optische Täuschung! Ziehe den Löffel nun ganz aus dem Wasser heraus und du wirst feststellen, er ist unversehrt und ganz heil. Der Löffelstiel, der aus dem Wasserglas herausschaut, ist tatsächlich da, wo du ihn siehst. Er reflektiert das Licht nur durch die Luft. Der Teil des Löffels, der im Wasser steckt, sieht verschoben aus.

Das steckt dahinter

Die scheinbare Bruchstelle des Löffels wird dadurch hervorgerufen, dass die Lichtstrahlen nicht mehr gerade weiterlaufen, wenn sie durch die Wasseroberfläche kommen. Sie werden abgeknickt. In einem Diamanten wird das Licht noch viel stärker abgeknickt, daher funkelt er so. Das Abknicken der Lichtstrahlen nennt man auch Lichtbrechung. Der Löffel in dem Wasserglas sieht dadurch kleiner und gebrochen aus.

Beobachten

Dazu brauchst du
1 Glas
Wasser
1 Teelöffel

Beobachten

Luftballonstreit

Kennst du auch jemanden, den du so überhaupt nicht leiden kannst? So einen richtigen Stinkstiefel? Wenn du so jemanden kennst, dann weißt du ja auch, dass du diesem besagten Stinkstiefel möglichst nicht begegnen willst. Triffst du ihn dann doch, willst du nur eins: möglichst schnell weg. Aber wusstest du, dass es auch Luftballons gibt, die sich gegenseitig nicht ausstehen können?

Dazu brauchst du
1 Wollschal
Packschnur
2 Luftballons
Filzstifte

Mach dazu diesen Versuch

1. Schneide von der Packschnur ein etwas längeres Stück ab.
2. Puste deine Luftballons auf.
3. Verschnüre nun den einen Ballon mit dem einen Ende und den anderen Ballon mit dem anderen Ende fest mit der Packschnur. Damit das Ganze noch lustiger wird, kannst du deine Ballons mit grimmigen Gesichtern bemalen.
4. Nun kannst du deinen Ballons im wahrsten Sinne eine Abreibung verpassen. Dazu nimmst du den Wollschal und reibst kräftig an ihnen. Achte darauf, an der unbemalten Seite zu reiben, sonst hast du anschließend Schmiergrimassen! Wenn du nun die beiden Erzfeinde an dem Band schön eng beieinander hältst, veranstalten sie einen wilden Tanz.

Was passiert?

Die beiden Ballons wollen in keinem Falle zusammenbleiben! Durch das Reiben sind die zwei Ballons so stark negativ elektrisch aufgeladen worden, dass sie sich gegenseitig abstoßen.

Das steckt dahinter

Jeder Gegenstand enthält gleich viel positive und negative Ladung. Durch das Reiben wird das Gleichgewicht in den Ladungen gestört. Der Wollschal hat die negative Ladung beim Reiben auf die Luftballons übertragen, sodass sie sich nun gegenseitig abstoßen.

Luftballontrick

Du hast einen wunderbaren dicken, roten Luftballon, der langsam durchs Zimmer schwebt. Immer wenn du deinen Ballon anstupst, schwebt er ein Stückchen weiter. Schön! Dann hörst du ein fieses, lautes Peng! Dein Ballon hat sich an einer spitzen Kante gestoßen. Übrig ist von der Pracht eine schrumpelige, traurig aussehende Hülle. Aber kannst du dir vorstellen, dass man eine spitze Nadel sogar absichtlich in einen Luftballon hineinstecken kann und der trotzdem nicht platzt? Kannst du nicht? Na, dann pass mal auf!

Mach dazu diesen Versuch

1. Puste einen Luftballon auf, bis er richtig prall gefüllt ist.
2. An eine beliebige Stelle auf deinem aufgeblasenen Ballon klebst du nun einen Klebestreifen. Der Klebestreifen sollte ungefähr so groß wie eine Briefmarke sein. Wichtig ist, dass du den Klebestreifen richtig fest anklebst und er gut haftet!
3. Achtung, jetzt wird es spannend! Stecke jetzt vorsichtig durch den Klebestreifen die Nadel in deinen Ballon hinein. Na, überzeugt?

Was passiert?

Wenn du die Nadel vorsichtig in deinen Ballon stichst, hörst du nur ein leises Zischen. Dein Ballon platzt nicht. Du kannst einen zweiten Klebestreifen über das Loch kleben, dann behält dein Ballon seine Form. Die Nadel sticht in den Ballon, aber der Klebestreifen sorgt dafür, dass die Reihe stabil bleibt, denn der Klebestreifen hält die einzelnen Teilchen im Gummi fest zusammen.

Das steckt dahinter

Nachdem du den Ballon aufgepustet hast, ist die Gummihülle deines Ballons stark gespannt. Wenn du dir die Gummihülle in vielen einzelnen kleinen Teilchen vorstellst, dann bilden diese kleinen Teilchen eine lange Reihe. In dieser Reihe hält jedes Teilchen andere Teilchen an der „Hand“. Das kennst du bestimmt aus der Schule! Wenn dann jemand in die Reihe eindringt, lässt einer die Hand eines anderen los und … die Reihe ist kaputt. Aber genau dies verhindert das Klebeband und so übersteht dein Ballon den Nadelstich ohne Probleme.

Beobachten

Dazu brauchst du
1 Luftballon
1 Nadel
Klebeband

Beobachten

Luftfeuchtigkeitsmesser

Hast du auch schon einmal das Gefühl gehabt, du gehst nach draußen und die Feuchtigkeit überrollt dich? An manchen Tagen meint man, die Luft trieft geradezu vor lauter Nässe. Bei der kleinsten Bewegung schwitzt du und eine Dusche ist an solch einem Tag wirklich überflüssig. Im Winter ist es dann oft genau umgekehrt. Die Haut wird rissig und besonders die Lippen springen auf. Das liegt an der Kälte und vor allem auch an der trockenen Luft. Damit du aber in Zukunft immer vorbereitet bist, kannst du dir ganz einfach ein Gerät bauen, das die Luftfeuchtigkeit misst. Genial nicht?

Dazu brauchst du
1 langes Haar
1 Reißzwecke
1 kleiner Nagel
Papier
Schere
Klebeband
1 roten Buntstift
1 blauen Buntstift

Mach dazu diesen Versuch

1. Nimm ein viereckiges Stück Pappe und bohre auf einer Seite ziemlich am Rand mittig ein kleines Loch hinein.
2. Schneide dir nun aus Papier einen Zeiger aus. Der kann aussehen wie der Zeiger einer etwas größeren Pendeluhr. Auf jeden Fall braucht dein Zeiger eine Zeigerspitze und ein dickes, rundes Hinterteil.
3. In das Hinterteil der Zeigerspitze bohrst du genau in der Mitte ebenfalls ein Loch. Jetzt nimmst du die Reißzwecke und befestigst deinen Zeiger auf der Pappe.
4. Stecke die Reißzwecke durch die beiden Löcher und biege dann auf der Rückseite der Pappe die kleinen Häkchen um. Du darfst die Häkchen nicht zu fest und zu eng umbiegen, denn dein Zeiger muss sich ganz leicht bewegen lassen, damit es dir zuverlässige Angaben machen kann!
5. So, nun kommt der schwierige Teil des Versuches. Du benötigst ein etwa 20 Zentimeter langes Haar. Vielleicht bist du ein Mäd-

chen und hast selbst langes Haar, dann hast du Glück! Wenn nicht, dann musst du deine Mutter oder eine Freundin um eine kleine Haarspende bitten. Wenn du erfolgreich warst, dann kann es mit der Bastelei weitergehen.

6. Klebe das eine Ende des Haares mit Klebeband an die Zeigerspitze und das andere Ende an den oberen Rand der Pappe. Der Zeiger sollte jetzt waagerecht stehen. Hänge deinen Luftfeuchtigkeitsmesser nun mit einem Nagel an die Wand und los geht es mit dem Experiment.
7. So, nun wartest du auf einen sehr schönen und trockenen Tag. Die Stelle, auf die dein Zeiger dann zeigt, markierst du mit dem roten Buntstift und schreibst „trocken“ daran.
8. An einem nebligen und regnerischen Tag markierst du ebenfalls die Stelle, auf die der Zeiger zeigt. Mit blauem Buntstift kannst du dort „feucht“ hinschreiben. Jetzt hast du eine eigene kleine Wetterstation fertig!

Was passiert?

Die Haare des Menschen reagieren auf die Veränderung der Luftfeuchtigkeit. Bei feuchtem Wetter dehnen sie sich aus und bei Trockenheit ziehen sie sich wieder zusammen. Du kannst also mit einem Haar eine Wettervorhersage machen.

Das steckt dahinter

Das Haar reagiert auf die Feuchtigkeit in der Luft. Bei nassem Wetter dehnt es sich aus. Bei trockenem Wetter zieht es sich zusammen. Entsprechend dem Haar verändert sich nun die Position deines Zeigers und du bist immer auf dem neuesten Stand. Das heißt, wenn es regnet, zeigt dein Zeiger auf einen tieferen Punkt, er hängt ein wenig herunter. Wenn es dann wieder schön ist, steigt der Zeiger nach oben. Jetzt kannst du dich als Wetterfrosch betätigen. Hängt dein Zeiger nach unten, bedeutet dies schlechtes Wetter, steigt er nach oben, ist das Wetter schön.

Lunge

Dein eigener Körper ist ein kleines Wunderwerk. Da gibt es so viele unterschiedliche Organe, die ihn täglich antreiben. Die Lunge ist eines dieser wichtigen Organe. Pro Minute atmest du mit ihr ungefähr zehn Liter Luft ein und auch wieder aus. Um zu verstehen, wie deine eigene Lunge arbeitet, kannst du ganz einfach eine künstliche Nachbildung bauen.

Dazu brauchst du
1 leere Plastikflasche
1 Kugelschreiber
Packschnur
2 Gummibänder
2 Luftballons
Knete
Schere

Mach dazu diesen Versuch

1. Schneide eine Plastikflasche in der Mitte auseinander.
2. Baue einen Kugelschreiber auseinander und lege die Mine zur Seite. Du kannst sie später wieder einsetzen.
3. Die Kugelschreiberhülle steckst du jetzt ein Stückchen in einen der Luftballons hinein.
4. Nimm eines der Gummibänder und drehe es so lange um Luftballon und Kugelschreiber, bis die Kugelschreiberhülle gut in dem Ballon befestigt ist.
5. Stecke nun den Kugelschreiber zusammen mit dem Ballon in den Flaschenhals hinein.
6. Dichte den Flaschenhals mit Knete ab und befestige auch den Kugelschreiber in der Knetmasse.
7. Um das Ende des anderen Ballons bindest du ein Stück Packschnur. Dann schneidest du den Ballon vorsichtig auf.
8. Du musst ihn als Abdichtung und Membran unten an der Flasche befestigen. Nimm dazu das andere Gummiband und lege den aufgeschnittenen Ballon über die untere Öffnung. Der Zipfel mit dem Band sollte etwa in der Mitte sein.
9. Spanne den aufgeschnittenen Ballon und befestige ihn mit dem Gummiband an der Flasche. Das geht am besten zu zweit! Deine künstliche Lunge ist jetzt fertig! Um die Lunge zum Atmen zu bringen, musst du nur noch vorsichtig an dem Band ziehen.

Das steckt dahinter

Deine Lunge besteht aus einem rechten Lungenflügel und einem linken Lungenflügel. Jeder Lungenflügel wird durch Furchen in Lungenlappen unterteilt. Der rechte Lungen-

Was passiert?

Deine Lunge arbeitet nach dem gleichen Prinzip wie die Flaschenlunge. Die Flasche soll der Brustkorb sein, der aufgeschnittene und gespannte Luftballon ist das Zwerchfell und der Ballon in der Flasche ist die Lunge. Ziehst du nun an dem Band vom Zwerchfellballon, sinkt der Druck in der Flasche. Der kleine Ballon im Inneren der Flasche bläst sich auf. Falls das nicht sofort funktioniert, überprüfe noch mal, ob du auch alles gut mit Knete abgedichtet hast und ob dein Zwerchfellballon dicht ist! Dasselbe wie in der Flasche passiert auch, wenn du einatmest. Wenn du das Band am Zwerchfellballon wieder loslässt, fällt der Ballon zusammen – wie beim Ausatmen.

flügel teilt sich dabei in drei Lappen auf und der linke Lungenflügel teilt sich nur in zwei Lappen. Er macht damit Platz für das Herz. Durch diesen Unterschied kann die rechte Lunge normalerweise mehr Luft aufnehmen. Bei jedem Atemzug wird das Blut in der Lunge mit frischem Sauerstoff versorgt. Der frische Sauerstoff wird dann durch die Blutbahn transportiert. Im Gegenzug gibt das Blut Kohlendioxid ab. Damit dies alles problemlos funktioniert, muss unsere Atemmuskulatur eine Menge leisten: Ein Baby macht pro Minute zirka 40 bis 50 Atemzüge, ein Kleinkind 20 bis 30 und ein Erwachsener 16 bis 20 Atemzüge.

Beobachten

Möbiusring

Der Trick mit dem verhexten Papierring geht schnell und ist ganz einfach. Diese geniale Papierkonstruktion ist nach dem Mathematiker und Astronom August Möbius, der von 1790 bis 1868 gelebt hat, benannt.

Mach dazu diesen Versuch

1. Schneide aus deinen Papierblättern einige vier Zentimeter dicke Streifen. Wenn du die Streifen hinterher aneinander legst, sollen sie insgesamt 1,5 Meter lang sein. Ansonsten schneide das Band auf die Länge zurecht.
2. Wenn deine Papierschlange länger ist, schneide den Rest einfach ab. Klebe jetzt die kleinen Papierstreifen zu einem langen Papierstreifen zusammen.
3. Nun klebst du den Papierstreifen noch an den beiden Enden aneinander, nachdem du ihn vorher einmal verdreht hast.
4. In der Mitte deines Ringes ziehst du dann mit dem Filzstift eine Linie. Du landest wieder da, wo du angefangen hast.
5. Schneide nun mit der Schere an der Filzstiftlinie entlang. Was passiert?
6. Mach den Versuch nun noch ein zweites Mal und dreh den Ring vor dem Kleben zweimal. Was passiert dann?

Was passiert?

Aus dem einmal gedrehten Band ist ein riesengroßer Ring und aus dem zweimal gedrehten Band sind sogar zwei ineinander verschlungene Ringe geworden.

Das steckt dahinter

Was du gerade ausprobiert hast, nennen die Mathematiker die Topologie oder die Lehre von der Anordnung geometrischer Figuren im Raum. Vielleicht hast du schon davon gehört?

Dazu brauchst du

Papier
Kleber
Schere
Filzstift
Zollstock

Münzendieb

Ein Fall für Inspektor Neunmalklug. Da liegt eine Münze – und schwups, weg ist sie. Wer ist der Dieb und vor allem, wie hat er die Tat begannen? Verdächtige Gestalten im Raum sind ein Marmeladenglas, ein Blatt Papier und ein verschlagen blickendes Litermaß. Oder warst es gar du?

Beobachten

Dazu brauchst du
1 Münze
1 leeres Marmeladenglas mit Deckel
Wasser
Litermaß
1 Blatt weißes Papier

Mach dazu diesen Versuch

1. Nimm eine Münze und leg sie in die Mitte des weißen Blatt Papiers.
2. Stelle dann das Marmeladenglas auf die Münze und schau seitlich durch das Glas. Kannst du die Münze noch sehen? Klar kannst du!
3. Jetzt fülle mithilfe des Litermaßes Wasser in das Marmeladenglas. Dann schraube den Deckel auf das Glas.
4. Raubüberfall! Die Münze wurde gestohlen. Wo steckt der Dieb?

Das steckt dahinter

Durch das leere Marmeladenglas können die Lichtstrahlen direkt auf die Münze fallen. Von der Münze werden sie reflektiert und die zurückgeworfenen Lichtstrahlen fallen in dein Auge.

Dann hast du mit dem Litermaß, mir kam es ja gleich sehr verdächtig vor, Wasser in das Glas gekippt. Du hast den Deckel zugedreht und die Münze war nicht mehr zu sehen und scheinbar verschwunden. Wenn du den Deckel allerdings wieder abschraubst und von oben durch das Glas blickst, wirst du die Münze wieder entdecken.

Was passiert?

Sobald Wasser im Glas ist, können die Lichtstrahlen, die die Münze reflektiert, nicht mehr das Glas durchdringen. Der Glasboden nimmt die Lichtstrahlen auf und spiegelt sie zurück. Daher sieht es so aus, als sei die Münze verschwunden. Dieses Phänomen nennt man auch Totalreflexion.

Ölkugel

Es gibt große Dinge die sind ganz leicht, zum Beispiel ein Karton mit Federn. Packst du nun den gleichen Karton mit Ziegelsteinen voll, dann ist der so schwer, dass du ihn nicht mehr heben kannst. Es sei denn, du bist ein Gewichtheber. Diese Eigenschaft von Gegenständen nennt man auch Dichte. Ein großer Karton mit Federn wiegt wenig und hat deshalb auch eine geringe Dichte. Der Karton mit den Ziegelsteinen dagegen hat eine hohe Dichte. Die Dichte ist abhängig von der Größe und dem Gewicht eines Gegenstandes.

Dazu brauchst du
1 weiße Glasflasche
3 Esslöffel Öl
1 Tintenpatrone
Schere
Alkohol
Wasser

Mach dazu diesen Versuch

1. Fülle eine Flasche zur Hälfte mit Wasser.
2. Schneide nun vorsichtig die Tintenpatrone auf und kippe den Inhalt in die Flasche. Das Wasser soll sich schön blau färben.
3. Jetzt kippst du das Öl in die Flasche. Du wirst sehen, es schwimmt wie eine Decke auf dem Wasser. Aber nun aufgepasst!
4. Fülle jetzt ein wenig Alkohol in die Flasche. Er tropft auf deine Öldecke – und was passiert da? Gib jetzt noch mehr Alkohol in die Flasche und beobachte nun, was geschieht.

Was passiert?

Bei einigen Tropfen Alkohol entsteht in der Mitte der Öldecke ein Krater. Wenn du jetzt noch mehr Alkohol zugibst, sinkt die Öldecke ein, bis sich das Öl schließlich zu einer Kugel geformt hat. Diese Ölkugel schwimmt dann genau in der Mitte des blauen Wassers. Das Wasser drückt von allen Seiten auf das abgesunkene Öl. Das geschieht so gleichmäßig, dass das Öl die Kugelform annimmt und in der Mitte der Flasche schwebt.

Das steckt dahinter

Das Öl hat eine geringere Dichte als das Wasser, es schwimmt also oben auf der Wasseroberfläche. Der Alkohol ist aber noch leichter und so kann das Öl absinken und der Alkohol schwimmt nun ganz oben. Die Plätze sind vertauscht, der leichteste Stoff ist oben.

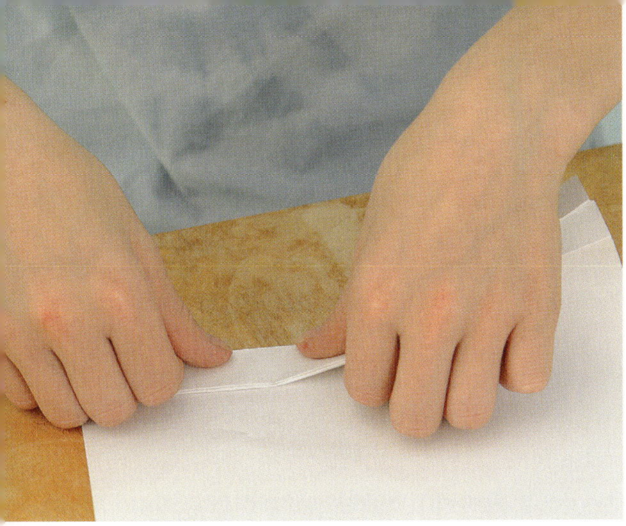

Papierbrücke

Ein Blatt Papier ist eine ziemlich dünne Angelegenheit und kein normaler Mensch würde eigentlich auf die Idee kommen eine Brücke aus Papier zu bauen, oder? Doch, du! Wenn du möchtest, wette doch mit deinen Freunden, dass du eine stabile Papierbrücke aus einem Blatt Papier zauberst und sogar ein Glas darauf abstellst. Du glaubst, die Wette verlierst du? Ganz sicher nicht!

Mach dazu diesen Versuch

1. Stelle zwei Gläser auf den Tisch und lege ein Blatt Papier über die Gläser.
2. Nimm jetzt das dritte Glas und setzte es vorsichtig in der Mitte des Papierblattes ab. Halte dich in Auffangposition, denn das Glas fällt natürlich mit dem Papier zusammen herunter. Das Papier kann die schwere Last des Glases nicht tragen. Ist doch logisch! Was dachtest du denn? Aber vielleicht geht es ja doch?
3. Nimm das Blatt Papier nochmals zur Hand und falte daraus jetzt einen Fächer. Immer ein Stück der Länge nach umknicken, das Blatt umdrehen und wieder ein Stück umknicken. Ist ganz einfach.
4. Wenn du fertig bist, nimmst du deinen Fächer und legst ihn wieder auf die beiden Gläser, sodass eine schöne Brücke entsteht. Jetzt versuch noch einmal, das Glas darauf abzustellen. Und?

Was passiert?

Jetzt kannst du das Glas getrost auf deiner Papierbrücke abstellen, es wird nicht mehr herunterfallen. Das ungefaltete Blatt Papier war natürlich nicht stabil genug, um dein Glas zu tragen. Wenn du aber das Papier in die Fächerform faltest, trägt ein einfaches Blatt Papier ein Glas.

Das steckt dahinter

Durch das Falten entstehen mehrere kleine Papierwände, die durch die Falten verbunden sind. Das Gewicht des Glases verteilt sich gleichmäßig auf diese stabilen Papierwände.

Beobachten

Dazu brauchst du
1 Blatt Papier
3 Gläser

Beobachten

Papierherstellung

Wenn du gerne zeichnest, dann brauchst du auch häufig neues Malpapier. Es wäre doch toll, wenn du es selbst herstellen könntest, oder? Dann musst du Bilder, mit denen du nicht zufrieden bist, nicht einfach wegwerfen, sondern sammelst sie zur Papierherstellung. Wenn du dann irgendwann in deinem Zimmer einen riesigen Berg Papier liegen hast und nicht mehr herein und heraus kommst, dann wird es Zeit für dieses Experiment!

Mach dazu diesen Versuch

1. Fülle einen Eimer mit lauwarmem Wasser. Zerreiße dein gesammeltes Altpapier in kleine Stückchen und weiche sie in dem Eimer ein. Du musst es ungefähr eine halbe Stunde darin liegen lassen, bis alles gut durchgezogen ist.
2. Angel dir nun die weichen Papierschnipsel wieder aus dem Eimer heraus und zerkleinere sie im Mixer. Vielleicht können dir deine Mutter oder dein Vater dabei helfen.
3. Gieße nun so viel Wasser hinzu, dass ein schöner Brei entsteht.
4. Den Brei kippst du dann in eine Schüssel. Wenn du möchtest, kannst du auch mehrere Portionen anfertigen, damit du genügend Brei für dein Papier hast.
5. Jetzt nimmst du das Sieb und den dazu passenden Rahmen und setzt den Rahmen auf das Sieb.
6. Das Sieb tauchst du nun in die Schüssel mit dem Papierbrei ein. Dann holst du das Sieb langsam aus der Schüssel heraus und lässt dein Papierbreiblatt abtropfen.
7. Nimm den Rahmen weg und leg ein feuchtes Tuch auf eines der Bretter. Stürze nun das Blatt aus dem Sieb darauf. Das geht wie mit einem Kuchen, den du aus der Form holen willst. Mit viel Schwung umdrehen und gut treffen!

Dazu brauchst du
Altpapier
Schüssel
Zeitungspapier
Mixer
1 Sieb
passenden Rahmen zum Sieb
2 Bretter
Tücher
Nudelholz
1 Eimer
Ziegelstein

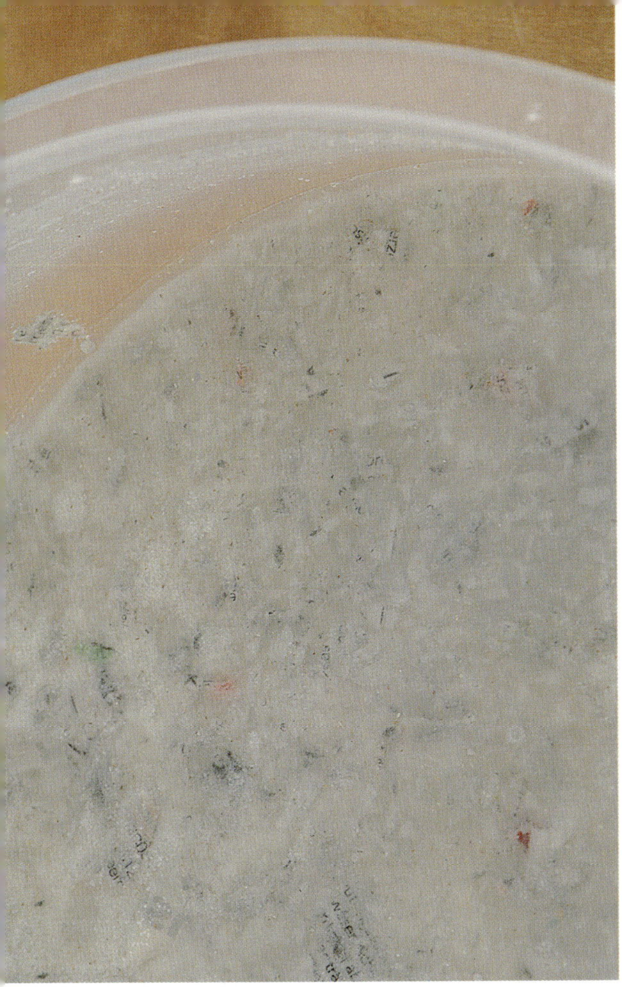

8. Lege dann ein weiteres Tuch auf das frische Blatt Papier. Darauf kannst du dann wieder ein Papierbreiblatt legen, dann wieder ein Tuch und so weiter. Wenn du einen Stapel selbst gemachter Blätter hast, legst du oben das andere Brett darauf.
9. Auf das Brett legst du den Ziegelstein und presst die Blätter 12 Stunden lang.
10. Am nächsten Tag, so lange musst du leider warten, nimmst du nacheinander die Blätter vom Stapel und rollst sie mit dem Nudelholz glatt.
11. Danach lässt du die Blätter noch zwei Stunden nachtrocknen und fertig ist das Papier!

Was passiert?

Zur Papierherstellung werden vor allem Holz, Stoff und Altpapier verwendet. Aus altem Papier kannst du Papierbrei machen und dann neues Papier herstellen. Wenn das neue Papier getrocknet ist, hält es prima! Jetzt kannst du weiter malen, ohne dir Gedanken um neues Papier zu machen. Du kannst dir ja jederzeit selbst welches machen.

Das steckt dahinter

Schon zwei Jahrhunderte vor Christus wurde in China das erste Papier erfunden. Damals benutzten die Chinesen eine Mischung aus Bambus und Stoffresten für die Herstellung des Papiers. Seit dem 11. Jahrhundert gibt es auch in Europa Papier.

Beobachten

Periskop

Wenn ein U-Boot auf Tauchgang ist und der Kapitän sehen möchte, was an der Wasseroberfläche so los ist, dann lässt er das Boot bis knapp unter die Wasseroberfläche hochsteigen und fährt dann das Sehrohr oder auch Periskop aus. Jetzt kann er sich ganz genau umsehen, ohne mit seinem Boot samt Besatzung selbst gesehen zu werden. Eine geniale Tarnung, nicht war? Wäre doch Klasse, wenn du zum Beispiel über eine Mauer sehen könntest, ohne selbst gesehen zu werden. Was du dort wohl heimlich beobachten kannst?

Dazu brauchst du
2 Papprollen von einer Küchenrolle
Spiegelfolie
Klebeband
Schere
Geodreieck
1 Bleistift

Mach dazu diesen Versuch

1. Klebe deine beiden Papprollen mit Klebeband aneinander. Am besten nimmst du dunkles und sehr breites Klebeband. Wickle das Klebeband ruhig mehrmals um die Enden der Rollen herum, damit es richtig stabil ist und gut hält. Du musst auch darauf achten, dass kein Licht zwischen den Ritzen hindurchscheinen kann!
2. Schneide in die Papprolle, ungefähr 10 Zentimeter vom oberen Rand entfernt, einen Schlitz. Der Schlitz muss fast bis an die Rückwand der Papprolle reichen.
3. Jetzt legst du dein Geodreieck an und misst einen 45-Grad-Winkel vom Schlitz in Richtung Ende der Papprolle ab. Mit dem Bleistift zeichnest du die Linie des Winkels auf die Papprolle. Vielleicht lässt du dir dabei von deiner Mutter oder deinem Vater helfen, denn es ist für das Gelingen wichtig, dass der Winkel genau passt.
4. Nimm nun deine Schere und schneide entlang der Linie die Ecke aus der Papprolle heraus. Deine Rolle hat nun eine Art Maul.

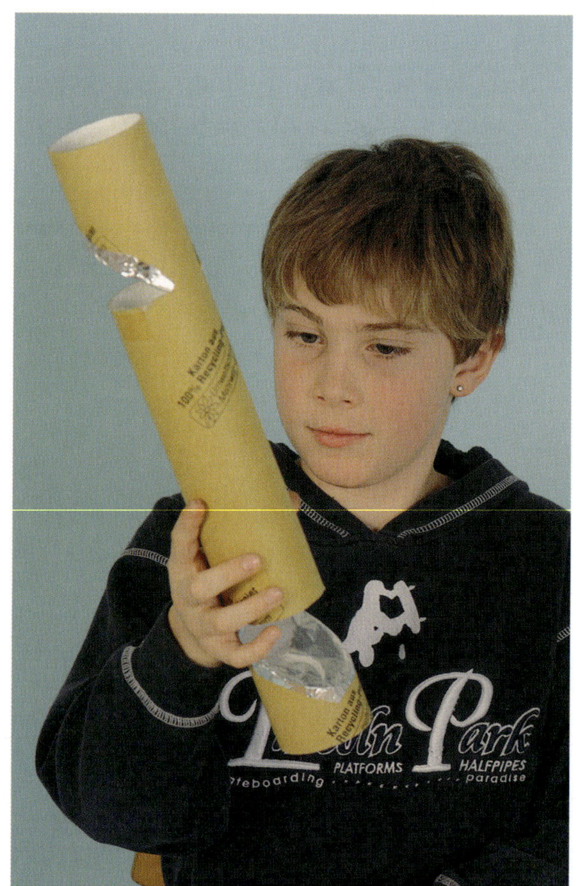

5. An der gegenüberliegenden anderen Seite der Papprolle wiederholst du das gleiche Vorgehen noch einmal. Schlitz schneiden, Winkel abmessen und der Rolle das zweite Maul schneiden. Du kannst sie später natürlich auch noch gefährlich aussehend anmalen.
6. Jetzt kannst du die Spiegelfolie in zwei Vierecke schneiden. Die Vierecke sollen mit ihrer langen Seite ein wenig über die Mäuler der Papprolle hinaus reichen.
7. Wenn du die richtige Größe zugeschnitten hast, kannst du die Spiegelfolie in die Mäuler deiner Papprolle einsetzen. Dazu klebst du Klebeband an drei Seiten der Folie und setzt sie dann in die Schrägen der Mäuler ein.
8. Klebe die Spiegelfolie dann außen an der Papprolle mit dem Klebeband fest. Wenn du alles richtig gemacht hast, dann kannst du jetzt unten an der Rolle in die Spiegelfolie hineingucken.

Was passiert?

Wenn du dich nun an eine Mauer stellst und die Rolle gerade über die Mauer reicht, siehst du, was hinter der Mauer passiert. Falls es noch nicht so richtig geklappt hat, musst du vielleicht noch etwas an deiner Spiegelfolieneinstellung ändern, denn von der unteren Spiegelfolie aus fällt das gespiegelte Licht in dein Auge und so kannst du durch zwei Spiegelfolien über die Mauer sehen.

Das steckt dahinter

Die Lichtstrahlen, die auf die obere Spiegelfolie fallen, werden dort – wie der Name schon sagt – von der Folie gespiegelt und fallen so auf die untere Spiegelfolie. Durch diese Spiegelung in deinem Rohr kannst du sozusagen ums Eck sehen und geheime Dinge beobachten.

Beobachten

Pfeffer-Salz-Mix

Ein Zaubertrick der Extraklasse! Wenn Aschenputtel den gekannt hätte! Sie hätte nicht so lange Linsen aus der Asche gelesen, oder? Aber wer hat behauptet, dass dieser Trick auch mit Linsen funktioniert hätte? Nein, hätte er leider nicht! Aber mit dem Pfeffer-Salz-Mix klappt es großartig!

Dazu brauchst du
$^{1}/_{2}$ Teelöffel Salz
$^{1}/_{2}$ Teelöffel Pfefferpulver
1 Untertasse
1 Plastiklöffel
Wollschal

Mach dazu diesen Versuch

1. Misch das Salz und das Pfefferpulver auf einer Untertasse.
2. Nun versuche, die beiden Bestandteile wieder voneinander zu trennen. Nein, das ist kein Witz! Stopp! Du brauchst jetzt nicht jedes kleine Krümelchen herauszusuchen. So funktioniert es natürlich nicht wirklich gut. Da gibt es einen viel besseren Trick!
3. Reibe den Plastiklöffel an dem Wollschal. Zähle dabei langsam bis 30, dann ist es genug.
4. Nun halte den Plastiklöffel über den Pfeffer-Salz-Mix. Senke ihn ganz langsam auf die Untertasse herab – und zack ...

Was passiert?

Ehe du dich versiehst, klebt der Pfeffer am Löffel. Kommst du nun mit deinem negativ geladenen Löffel in die Nähe der Mischung, werden das positiv geladene Salz und der Pfeffer von dem Löffel angezogen. Denn negative und positive Ladungen ziehen sich an. Da das Pfefferpulver leichter ist als das Salz, klebt es auch zuerst am Löffel.

Das steckt dahinter

Durch das Reiben an dem Wollschal wird der Löffel aufgeladen. Man nennt das auch elektrostatische Aufladung. Der Löffel hat nun eine negative Ladung. Der Pfeffer dagegen ist positiv geladen und wird so vom Löffel angezogen.

Power-Ei

Tatarata! Dies ist das tapferste, unerschrockenste Ei der Welt! Der mutige Artist stürzt sich in die Tiefe und klettert unverzehrt und unversehrt aus seiner genialen Eipolsterrüstung. Ein neuer Rekord ist geschafft.

Mach dazu diesen Versuch

1. Konstruiere aus den Strohhalmen einen Aufprallschutz für dein Ei. Ähnlich wie eine Ritterrüstung!
2. Verpacke dein Ei so in Strohhalme, dass es einen Sturz unzerbrochen überlebt. Aus welcher Höhe kannst du das Ei herunterfallen lassen, ohne dass es zerbricht? Welches Ei stellt den Höhenrekord auf?
3. Und hier noch ein kleiner Tipp: Mache eine Konstruktionszeichnung, bevor du anfängst! Ach ja, mit den kaputten Eiern kannst du einen leckeren Kuchen backen!

Was passiert?

Wenn du deinem Ei eine Eipolsterrüstung baust, fangen die Strohhalme die Energie auf. Wenn das Ei auf dem Boden aufkommt, wird sich zeigen, ob du eine gute Konstruktion aus Strohhalmen für dein Ei gebaut hast!

Das steckt dahinter

Nichts bewegt sich ohne Energie oder Arbeit. Arbeit verrichten wir zum Beispiel beim Laufen oder Springen. Wenn sich etwas bewegt oder verändert, benötigt es dafür Energie. Bei einem Zusammenstoß von zwei Gegenständen geschieht etwas mit der Energie dieser beiden Dinge.

Wenn du das rohe Ei ohne Schutz auf den Boden fallen lässt, nimmt das Ei die Energie des Aufpralls in sich auf. Das ist aber zu viel für das kleine Ei und die Schale zerbricht – ausser es ist gut gepolstert.

Beobachten

Dazu brauchst du

1 tapferes rohes Ei

20 dicke Strohhalme

Tesafilm

Schere

Beobachten

Puddinglupe

Wackelpudding ist eine herrliche Sache! Rot, gelb oder grün schaukelt er auf deinem Teller vor sich hin und mit Vanillesoße oder Sahne kann man gar nicht genug davon bekommen. Allerdings kann man den Pudding nicht nur genussvoll im Mund zergehen lassen, sondern ihn auch für wissenschaftliche Experimente benutzen. Also, erst testen, dann essen!

Dazu brauchst du
1 Paket gelben Wackelpudding
200 ml Wasser
1 Schüssel
1 Suppenkelle
1 durchsichtigen Teller
Buch oder Zeitschrift

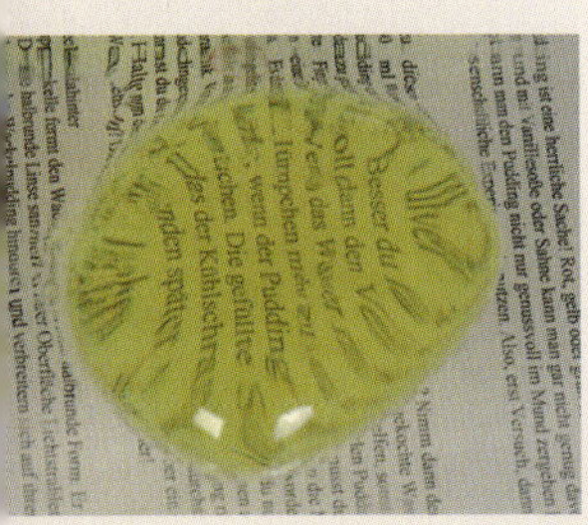

Mach dazu diesen Versuch

1. Koche nach Packungsanweisung 200 ml Wasser. Vielleicht lässt du dir von einem Erwachsenen bei der Zubereitung helfen? Nimm dann dein Paket Wackelpudding und schütte das Pulver in die Schüssel.
2. Das gekochte Wasser muss dann langsam zum Puddingpulver in die Schüssel gekippt werden. Besser ist, du lässt dir auch dabei helfen, sonst gibt es noch verbrannte Finger. Und wer soll dann den Versuch machen und den Pudding essen?
3. Wenn das Wasser in der Schüssel ist, musst du alles gut verrühren. Es dürfen keine Klümpchen mehr zu sehen sein!
4. Lass die Mischung nun abkühlen. Nach ungefähr einer Stunde, wenn der Pudding ein wenig fest geworden ist, kannst du die Suppenkelle in die Schüssel tauchen.
5. Die gefüllte Suppenkelle legst du nun in den Kühlschrank. Vorsichtig, nicht dass der Kühlschrank hinterher von innen aussieht wie nach einer Puddingexplosion. Einige Stunden später ist dein Wackelpudding richtig schön fest.
6. Jetzt kannst du die Kelle aus dem Kühlschrank holen und auf den durchsichtigen Glasteller stürzen. Halte nun den Teller mit dem Wackelpuddingklumpen über ein aufgeschlagenes Buch oder eine Zeitschrift. Was siehst du?

Was passiert?
Die Buchstaben sind viel größer als vorher! Die eingefangenen Lichtstrahlen breiten sich in dem Pudding aus und vergrößern dadurch alles. Der Wackelpudding wirkt also wie eine Lupe.

Das steckt dahinter

Die Suppenkelle formt den Wackelpudding in eine halbrunde Form. Er sieht aus wie eine Linse. Diese halbrunde Linse sammelt an ihrer Oberfläche Lichtstrahlen. Die Lichtstrahlen fallen durch den Wackelpudding hindurch und verbreitern sich auf ihrem Weg durch den Pudding, sodass unter der Lupe alles größer erscheint.

Punktsalat

Bist du eigentlich zielsicher? Kannst du einen bestimmten Punkt auf einem Blatt genau treffen? Na klar kann ich das, wirst du jetzt sagen! Wetten, dass nicht!

Mach dazu diesen Versuch

1. Nimm ein Blatt Papier und male mit einem der Buntstifte in die Mitte einen richtig schönen, dicken Punkt.
2. Jetzt nimmst du den anderen Buntstift, hältst die Hand hoch und versuchst, den Punkt noch mal genau zu treffen. Das sollte eigentlich kein Problem sein! Also los! Gut gemacht! War doch wirklich nicht so schwierig?
3. Aber jetzt kommt die Schwierigkeit: Halte dir ein Auge zu und versuche wieder, den Punkt in der Mitte zu treffen. Gar nicht so einfach, nicht? Versuche es mit dem anderen Auge, vielleicht bist du damit ja treffsicherer? Hat auch nicht geklappt? Tja, woran mag das wohl liegen?

Was passiert?

Du wirst mit ziemlicher Sicherheit mit zugehaltenem Auge den Punkt in der Mitte nicht exakt treffen. Um räumlich sehen zu können, braucht dein Gehirn nämlich die Bilder von beiden Augen. Nur so kannst du Abstände und Entfernungen richtig einschätzen.

Das steckt dahinter

Entfernungen und Abstände lassen sich nur mit beiden Augen gut abschätzen. Dein Gehirn benötigt Informationen von beiden Augen, um den Punkt richtig einzuschätzen. Denn jedes Auge sendet ein eigenes Bild an dein Gehirn. Dein Gehirn baut dann aus den zwei Bildern ein Bild und nur dann kannst du den Punkt sehen, wo er wirklich ist. Mit zugehaltenem Auge verschiebt dein Gehirn die Position des Punktes ein wenig und du triffst nicht ins Schwarze, sondern zielst immer daneben.

Beobachten

Dazu brauchst du
1 Blatt Papier
2 Buntstifte

Beobachten

Raketenstart

Du isst doch bestimmt gerne Kuchen und Torten? Damit der Kuchen so richtig schön locker und lecker wird, mischt man immer etwas Backpulver unter das Mehl. Aber Backpulver nur zum Kuchenbacken – Pustekuchen –, viel zu schade! Man kann das Backpulver auch als Raketentreibstoff verwenden!

Mach dazu diesen Versuch

1. Zeichne auf einen dünnen Karton einen Kreis mit ungefähr 5 Zentimeter Durchmesser. Dazu kannst du auch einfach mit dem Bleistift am Rand des kleinen Glases entlangzeichnen. Dann schneidest du den Kreis mit einer Scheere entlang der Linie vorsichtig aus.
2. Schneide nun mit deiner Schere vom Rand des Kreises mit einem geraden Schnitt bis zur Mitte des Kreises.
3. Jetzt kannst du aus dem Kartonkreis einen Trichter drehen. Den Trichter musst du so formen, dass der Rand genau auf den äußeren Boden der Filmdose passt. Der Trichter wird nämlich später deine Raketenspitze bilden!
4. Wenn der Trichter die richtige Größe hat, klebe ihn zusammen und dann außen auf dem Boden der Filmdose fest.
5. Nun kannst du deine Rakete noch mit Leitwerken verzieren. Dazu zeichnest du drei gleich große Dreiecke auf den Karton und schneidest sie aus. Die untere Seite jedes Dreiecks knickst du um und klebst sie mit gleichem Abstand an die Filmdose. Verzeihung, an die Rakete! Achte darauf, dass der Deckel der Filmdose noch zu öffnen und zu schließen ist.

Dazu brauchst du
1 leere Filmdose
1 Bogen dünnen Karton
Bleistift
Schere
1 kleines Glas
Alleskleber
1 Teelöffel Backpulver
3 Teelöffel Essig (keine Essigessenz!)

6. So, jetzt wird es spannend! Am besten gehst du mit deiner gebauten Rakete, dem Backpulver und dem Essig nun nach draußen. Dort suchst du dir am besten einen ruhigen Platz.
7. Mit dem Backpulver und dem Essig betankst du jetzt deine Filmdose. Schließe die betankte Rakete mit dem Deckel fest zu und schüttele sie kurz. Bring deine Rakete jetzt in Startposition, indem du sie auf den Deckel stellst. Zurücktreten! Raketenstart frei!

Was passiert?

Das Gas breitet sich so lange im Inneren deiner Rakete aus, bis der Druck so groß ist, dass der Deckel der Rakete abfliegt. Das ist der Moment, in dem deine Rakete vom Boden abhebt und dann mehrere Meter hoch in die Luft fliegt. Du kannst das Experiment wiederholen und sogar mehrere Raketenstarts an einem Tag durchführen!

Das steckt dahinter

Wenn Backpulver und Essig zusammenkommen, findet eine chemische Reaktion statt. Bei dieser chemischen Reaktion entsteht das Gas Kohlendioxid. Das Kohlendioxid breitet sich im Inneren deiner Rakete aus, wird immer mehr und entwickelt dadurch einen ungeheuren Druck.

Dieser Druck lässt dein kleines Geschoss in die Luft starten. Sollte es nicht sofort klappen, kein Problem, manchmal dauert es ein wenig bis es soweit ist. Beim Start solltest du einen Schritt zur Seite weichen, damit nicht aus versehen etwas von der Backpulver-Essig-Mischung in dein Gesicht gelangt.

Auch echte Raketen funktionieren übrigens, indem Gas nach unten entweicht und die Rakete nach oben drückt. Allerdings würde hierfür die Schubkraft von Backpulver und Essig nicht ausreichen. Aber auch in der Natur kannst du dieses Rückstoßprinzip beobachten: So funktioniert beispielsweise die Fortbewegung des Tintenfisches auf die gleiche Art.

Beobachten

Regenwurmglas

Wenn ihr einen Garten habt, dann hast du auch bestimmt schon mal beim Umgraben der Blumenbeete helfen dürfen. Das ist eine schweißtreibende Angelegenheit. Bei dieser Arbeit hast du aber vielleicht auch die vielen kleinen Helfer unter der Erde entdeckt, die das ganz ohne Spaten schaffen.

Mach dazu diesen Versuch

1. Nimm den Deckel eines Glases und bohre viele kleine Luftlöcher hinein.
2. Dann füllst du das Glas mit Erde und gräbst im Garten zwei Regenwürmer aus. Einer reicht zwar auch, aber der ist dann so einsam in dem Glas, also besser zwei.
3. Die Regenwürmer legst du vorsichtig auf die Erde in deinem Glas. Sie werden sich blitzschnell eingraben.
4. Auf die Erde legst du dann einige fein zerkleinerte Gemüsereste und Blätter. Nun warte ab, bis die Regenwürmer Hunger bekommen. Dann schlängeln sie sich nämlich nach oben und holen sich ihr Futter ab! Dabei graben sie kleine Gänge in die Erde, die du durch das Glas wunderbar sehen kannst.

Dazu brauchst du
1 großes leeres Glas mit Deckel
1 Büchsenstanzer
Erde
2 Regenwürmer
Blätter
Gemüsereste

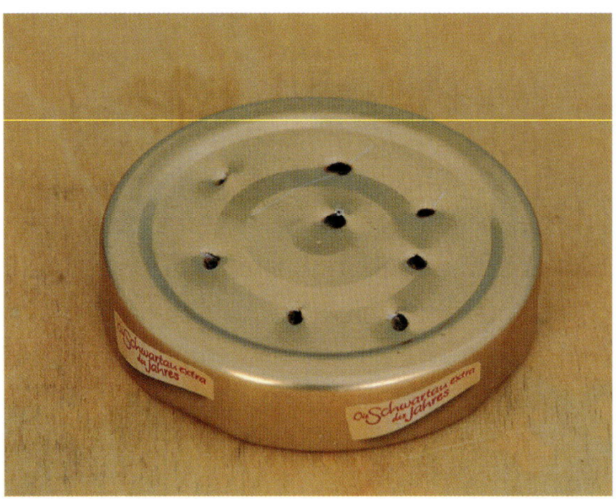

Was passiert?

Regenwürmer haben ihren Namen daher, dass sie bei Regen aus der Erde kriechen. Das kannst du sehen, indem du zwischendurch etwas Wasser ins Glas gießt. Sie kommen dann schnell an die Erdoberfläche.

Das steckt dahinter

Wenn du die Würmer nach dem Experiment wieder im Garten aussetzt, siehst du, dass sie im Glas fast alles aufgefressen haben. Die Verdauung der Regenwürmer sieht wie feine Erde aus. Außerdem haben sie durch ihre gegrabenen Gänge die Erde schön aufgelockert und den Boden mit Sauerstoff versorgt.

Rettungsleine

Das Plastikmännchen hängt am selben Seil wie der schwere Schlüsselbund, noch hast du die Kraft, beides zu halten. Dann lässt du los! Wird das Plastikmännchen in die Tiefe stürzen? Oder kann es vor dem Zerschellen gerettet werden?

Mach dazu diesen Versuch

1. Zuerst schneidest du etwa einen Meter von einer Packschnur ab.
2. Binde dann den Schlüsselbund und das Plastikmännchen jeweils an einem Ende des Bands gut fest.
3. Halte einen Stock waagerecht, etwa in Augenhöhe vor dich.
4. Lege nun das Band mit dem Schlüsselbund und dem Plastikmännchen quer darüber. Halte dabei das Plastikmännchen mit der anderen Hand fest und ziehe den schweren Schlüsselbund bis knapp unter den Stock hoch. Das Plastikmännchen muss dabei ganz flach sein! Dabei musst du aber auch noch darauf achten, dass du es nicht über dem Stock hältst.
5. Was, glaubst du, passiert, wenn du nun das Plastikmännchen einfach loslässt? Der Schlüsselbund wird es erbarmungslos mit in die Tiefe reißen, oder gibt es eine Möglichkeit zur Rettung?

Was passiert?

Genau das passiert nicht! Der Schlüsselbund fällt zwar nach unten, aber er kommt gar nicht am Boden an. Denn das Plastikmännchen rettet sich mit einem mehrfachen Salto um den Stock vor dem Absturz! Der Schlüsselbund zieht beim Fallen nämlich am Band. Nun wird das Band immer kürzer. Dadurch wird das Plastikmännchen immer schneller und wickelt sich über den Stock.

Das steckt dahinter

Die Rettungsleine hat funktioniert! Stell dir das Plastikmännchen wie ein Pendel vor. Wenn es nur einfach an einem Band am Stock festgemacht wäre, würde es eine ganze Zeit lang hin und her pendeln. Die Geschwindigkeit, mit der das Plastikmännchen pendelt, hängt davon ab, wie lang das Band ist.

Beobachten

Dazu brauchst du
1 etwas längeren, fingerdicken Stock
Packschnur
1 Plastikmännchen
1 Schlüsselbund

Riechmemory

Die Hundenase ist eine der empfindlichsten Nasen, die bei Lebewesen vorkommt. Der Hund benötigt diesen guten Geruchssinn, um Gefahren zu wittern und Beute aufzuspüren. Viele Hunde helfen mit ihrem fantastischen Geruchssinn auch den Menschen. Die Lawinenhunde in den Bergen suchen nach verschütteten Skifahrern oder Wanderern. Das Rote Kreuz hat Rettungshundestaffeln. Diese Hunde werden auf der ganzen Welt bei schweren Unglücken, wie Erdbeben eingesetzt, um nach vermissten Menschen zu suchen. Aber wie gut ist denn eigentlich deine Nase im Vergleich zu einer Hundenase?

Mach dazu diesen Versuch

1. Befestige die Klebeetiketten auf den Böden der Filmdosen. Auf jeweils zwei Etiketten schreibst du dann Zitronensaft, Essig, Parfüm, Früchtetee und Knoblauch. Natürlich kannst du auch zuerst die Etiketten beschriften und dann aufkleben.
2. Nun befüllst du die Dosen mit dem entsprechenden Versuchsmaterial, das du unten auf den Boden geschrieben hast.
3. Du hast dann zwei Dosen mit je einer Knoblauchzehe, zwei Dosen mit Zitronensaft, zwei Dosen mit Essig, zwei Dosen mit Früchtetee und zwei Dosen mit Parfüm.

Dazu brauchst du
10 leere Filmdosen
Klebeetiketten
Zitronensaft
Essig
Früchtetee
Parfüm
2 Knoblauchzehen
1 großes Halstuch

4. Wenn du alle Dosen befüllt hast, schließe sie mit den Deckeln der Filmdosen. Bei den Parfümdosen musst du sehr schnell sein, denn das Parfüm verfliegt sonst.
5. Jetzt mischst du alle Dosen gut durch. Du weißt dann nicht mehr, welche Dose wo steht.
6. Jetzt kannst du dir mit dem Halstuch die Augen verbinden. Aber nicht schummeln! Öffne nun alle Filmdöschen wieder und rieche nacheinander daran. Kannst du die richtigen Paare und die passenden Döschen zuordnen?
7. Wenn du meinst, du hättest es geschafft, schließe alle Döschen, nimm das Halstuch von den Augen und schaue auf dem Boden der Dosen nach. Na, alles richtig?

Was passiert?

Nachdem die Gerüche von deinen Riechzellen geschnuppert worden sind, werden sie von dort an das Gehirn weitergeleitet. Dort gibt es ein Geruchszentrum, in dem die Düfte verglichen werden.

Das steckt dahinter

Die Nase hat in ihrem oberen Bereich Riechzellen. Diese Riechzellen nehmen die unterschiedlichen Gerüche war.

Beobachten

Riesenblasen

Seifenblasen tanzen in der Luft, schillern in Regenbogenfarben und machen einen Riesenspaß. Leider platzen sie sehr schnell und werden auch nicht besonders groß. Wenn der Spaß dann gerade so richtig losgeht, ist die Dose mit dem Seifenblasenwasser meist leer. Glück hat, wer dann weiß, wie man es selbst herstellt und wie man es noch besser als gekauft macht!

Mach dazu diesen Versuch

1. Spritze in ein Glas mit Wasser etwas Spülmittel und rühre es mit dem Löffel gut um.
2. Jetzt kannst du den Strohhalm in das Spülmittelwasser eintauchen und pusten. Es blubbert und schäumt, du hast die ersten selbst gemachten Seifenblasen.
3. Spritze noch mal Spülmittel in das Glas und probiere, ob die Seifenblasen größer werden.
4. Jetzt verquirlst du den Zucker in dem Spülmittelwasser. Puste wieder durch deinen Strohhalm!

Dazu brauchst du

Spülmittel
$^1/_2$ Glas Wasser
2 Teelöffel Zucker
Strohhalme
Schere
Löffel

Was passiert?

Du hast Riesenblasen. Die Größe und Haltbarkeit der Seifenblasen hängt von der richtigen Mischung aus Wasser, Spülmittel und Zucker ab. Je mehr Zucker du in das Wasser gibst, desto stabiler wird die Haut der Seifenblasen.

Das steckt dahinter

Mit dem Zucker in dem Spülmittelwasser wird die dünne Haut der Seifenblasen stabiler gemacht. Daher platzen sie nicht so schnell und können viel größer werden. Du musst vielleicht ein wenig an der Mischung herumexperimentieren, bis sie richtig gelingt.

Riesengummibärchen

Magst du auch so gerne Gummibärchen? Lecker, nicht war? Schade nur, dass die immer so klein sind. Aber das muss ja nicht so bleiben! Du kannst sie vergrößern und selbst Riesengummibärchen herstellen!

Mach dazu diesen Versuch

1. Fülle das Glas mit kaltem Wasser und lege einige Gummibärchen hinein. Jetzt musst du leider bis zum nächsten Tag warten. Du kannst ja selbst auch nicht innerhalb von fünf Minuten wachsen. Das braucht schon ein wenig Zeit.
2. Am nächsten Tag kannst du deine Gummibärchen aus dem Glas fischen. Riesenbären sind daraus geworden! Du kannst sie ja mit den kleinen Artgenossen in der Tüte vergleichen! Oder hast du etwa alle aufgefuttert?

Das steckt dahinter

Gummibärchen bestehen zu einem großen Teil aus Gelatine. Gelatine saugt sich gerne mit Wasser voll und quillt auf.

Was passiert?

Das Wasser ist von der Gelatine aufgesaugt worden und hat die Gummibärchen so stark vergrößert. Wenn du in den Riesenbären beißt, merkst du, dass er viel weicher und matschiger ist als die kleinen Gummibärchen.

Schmecken

Dazu brauchst du
einige Gummibärchen
Wasser
1 Glas

Beobachten

Rost

Verrostete Autos sehen nicht besonders schön aus. Wenn du so eine richtig alte Rostlaube siehst, weißt du, was ich meine. Im schlimmsten Fall verlieren diese Autos dann irgendwann mitten auf der Straße ihren Auspuff. Durchgerostet! Schließlich landet so ein Wagen auf den Schrottplatz. Da gibt es viele verrostete Sachen. Aber wie entsteht eigentlich Rost?

Mach dazu diesen Versuch

1. Fülle ein Glas mit Wasser und lege einen Nagel hinein.
2. Koche ein wenig Wasser in einem Wasserkocher auf. Am besten lässt du dir dabei helfen! Das heiße Wasser lässt du dir in das Einmachglas füllen. Du kannst kein normales Glas für das heiße Wasser nehmen, denn es würde platzen. Eine Tasse geht auch, aber schöner ist ein Einmachglas, weil du besser durchsehen kannst und sich

Dazu brauchst du
2 Gläser
1 Einmachglas
Wasser
Wasserkocher
3 Nägel
Speiseöl

so besser beobachten lässt, was bei dem Experiment im Glas passiert.

3. Lege in das Einmachglas mit dem heißen Wasser ebenfalls einen Nagel. Füge dann noch einige Tropfen Öl hinzu.
4. Den dritten Nagel badest du in Öl und legst ihn dann in das zweite Glas mit Wasser.
5. Lasse nun die drei Gläser zwei Tage stehen und beobachte, was passiert.

Was passiert?

Der Nagel in dem ersten Glas beginnt zu rosten. Die anderen beiden Nägel bleiben durch die Ölschicht, wie sie sind. Durch die Verbindung von Sauerstoff und Wasser rostet Eisen. Wenn das Eisen vor dem Sauerstoff durch Galvanisieren geschützt wird, bleibt es unverändert.

Das steckt dahinter

Damit Eisen rostet, sind Sauerstoff und Wasser notwendig. Der Sauerstoff und das Wasser in dem ersten Glas haben den Nagel angegriffen und ihn rosten lassen. Im Einmachglas ist der Sauerstoff aus dem Wasser herausgekocht worden. Die Ölschicht auf der Wasseroberfläche hat verhindert, dass das Wasser neuen Sauerstoff aus der Luft aufnimmt. Der in Öl gebadete Nagel ist durch die dicke Ölschicht geschützt. Der Sauerstoff kann nicht bis zum Nagel vordringen. Wenn im Wasser außerdem noch Salz gelöst ist, wie zum Beispiel an der Nordsee, dann rosten Autos und Schiffe und auch Fahrräder noch viel schneller. Man nennt das auch Korrosion. Am besten schützt man Schiffe gegen Rost, indem man sie vor Sauerstoff schützt und versucht, ihn von den Eisenflächen fern zu halten. Dazu bekommen diese Eisenflächen einen Schutzüberzug aus Zinn, Zink oder Kupfer. Die Eisenflächen werden sozusagen galvanisiert. Es gibt aber heute auch Methoden, stark verrostete Teile wieder wie neu aussehen zu lassen. Vor fast 100 Jahren ist das große Schiff Titanic untergegangen. Vor einigen Jahren konnten dann aber Sachen aus der Titanic gehoben werden, die all die Jahre auf dem Meeresgrund lagen. Nachdem sie behandelt worden waren, sahen sie aus wie neu.

Hören

Sandtanz

Was meinst du, ob man wohl die Musik, die aus deinem Radio kommt, sehen kann? Oder kann man sie doch nur hören? Und wenn du tatsächlich etwas siehst, kannst du dann die laute oder die leise Musik besser erkennen?

Dazu brauchst du
1 Radio
1 Schüssel
Frischhaltefolie
Klebeband
1 Teelöffel trockenen Sand

Mach dazu diesen Versuch

1. Spanne über eine leere Schüssel ein Stück Frischhaltefolie. Nimm so viel Folie, dass sie lang über den Rand der Schüssel hängt.
2. Mit dem Klebeband klebst du nun die Folie an der Schüssel fest. Achte darauf, dass die Folie nicht einreißt, aber trotzdem gut gespannt ist.
3. Lasse jetzt den Sand auf die gespannte Folie rieseln.
4. Stelle dann die Schüssel mit dem Sand vor dein Radio und drehe es an. Zuerst ganz, ganz leise, sodass du kaum etwas hörst. Jetzt kannst du dein Radio ganz laut drehen und keiner darf schimpfen, es geht ja hier schließlich um ein wissenschaftliches Experiment.

Was passiert?

Wenn die Musik leise ist, bewegt sich der Sand auf der Folie kaum. Wenn du das Radio dagegen lauter drehst, beginnt der Sand auf der Folie zu deiner Musik zu tanzen. Die Schallwellen der Musik aus deinem Radio versetzen die Frischhaltefolie in Schwingungen. Durch die schwingende Folie werden die Sandkörner in Bewegung versetzt und sie tanzen so zum Takt deiner Musik.

Das steckt dahinter

Die Musik aus deinem Radio erzeugt Schallwellen. Diese Schallwellen übertragen sich auf die Schüssel mit der Folie und dem Sand. Dadurch bewegt sich der Sand auf der Folie.

Hören

Schuhkartongitarre

Eine Gitarre hat sechs Saiten, deren Töne von oben nach unten immer höher werden. Du kannst dir eine eigene kleine Gitarre aus einem alten Schuhkarton bauen und den großen Popstars so richtig Konkurrenz machen.

Mach dazu diesen Versuch

1. In einen alten Schuhkarton bohrst du mit einer dicken Stopfnadel zwölf Löcher. Halt! Nicht irgendwohin, sondern so, dass an den zwei kürzeren Seiten des Kartons, ziemlich weit oben am Rand, jeweils sechs Löcher im gleichen Abstand sind. Die Löcher sollen sich möglichst genau gegenüberliegen.
2. Vergrößere die Löcher so weit mit der Stopfnadel, dass du die Streichhölzer hindurchstecken kannst.
3. Fange dann entweder mit dem dicksten oder dem dünnsten Gummiband an und hänge es über das erste Streichholz.
4. Ziehe nun das Gummiband vorsichtig über die offene Seite des Schuhkartons und hänge das andere Ende über das genau gegenüberliegende Streichholz. Pass aber auf, dass das Band dabei nicht reißt! Jetzt hast du deine erste Saite gezogen.
5. Mit den übrigen fünf Gummibändern machst du es ebenso. Achte auf die Reihenfolge! Von dünn nach dick oder von dick nach dünn!

Wenn du alle sechs Saiten gleichmäßig gespannt und verknotet hast, ist deine Schuhkartongitarre fertig. Jetzt kannst du darauf spielen.

Was passiert?

Nach den ersten Tönen auf deiner Gitarre wirst du merken, dass die dicksten Gummibänder am tiefsten und die dünnen viel höher klingen. Veränderst du die Spannung der Gummibänder, ergeben sich andere Töne.

Das steckt dahinter

Die Schwingung der Gummibänder überträgt sich auf den Karton. Die Luftmenge im Karton gerät ebenfalls in Schwingung und die Töne sind daher so gut zu hören.

Dazu brauchst du
6 unterschiedlich dicke Gummibänder
Schuhkarton
Schere
Stopfnadel

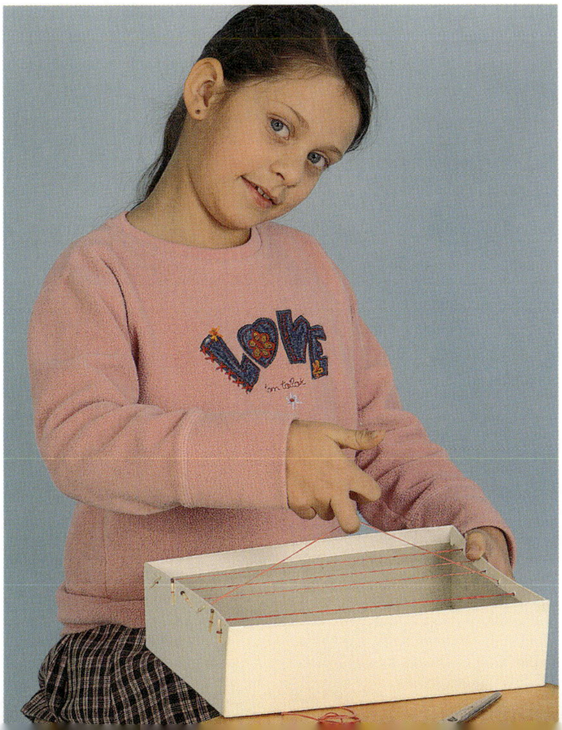

Beobachten

Schwerelos

Diesen Versuch machst du lieber draußen, sonst gibt es nasse Fußböden und anschließend bekommst du dann Ärger. Also, ab in den Garten oder auf den Spielplatz! Schwerelosigkeit ist ja schließlich keine Entschuldigung für Wasserpfützen im ganzen Haus!

Dazu brauchst du
1 Pappbecher
Wasser

Mach dazu diesen Versuch

1. Stich am unteren Rand deines Pappbechers zwei sich gegenüberliegende Löcher in die Seiten.
2. Nun fülle den Becher mit Wasser. Die Löcher hältst du dabei mit den Fingern zu.
3. Wenn du die Finger von den Löchern wegnimmst, läuft das Wasser heraus. Oh toll, denkst du jetzt, das war dir auch vorher schon klar! Aber das ist ja noch nicht alles!
4. Lasse nun den Pappbecher aus Kopfhöhe – oder vielleicht sogar noch höher – fallen.

Was passiert?
Es läuft kein Wasser aus dem Becher heraus! Das Wasser wird nicht mehr von der Erdanziehungskraft angezogen. Im Becher ist das Wasser schwerelos. Es fällt nämlich im Becher nicht mehr nach unten.

Das steckt dahinter

Solange der Becher zum Boden fällt, wirkt auf das Wasser keine zusätzliche Kraft. Da das Wasser genauso schnell, wie der Becher fällt, kann es nicht mehr herauslaufen. Denn dann wäre das Wasser ja schneller als der Becher! Die Schwerkraft wirkt aber auf alle Dinge mit der gleichen Beschleunigung.
So simuliert man auch beim Astronautentraining die Schwerelosigkeit. Die Astronauten fliegen mit einem Flugzeug sehr weit nach oben und dann sinkt das Flugzeug einige hundert Meter im Sturzflug herab.

Beobachten

Schwimmstadt

Eine schwimmende Stadt, die gibt es doch nicht. Venedig ist zwar zum großen Teil auf Holzpfählen im Wasser gebaut, aber so richtig von alleine schwimmen tut es nicht. Aber baue dir doch einfach deine eigene schwimmende Stadt!

Mach dazu diesen Versuch

1. Schneide aus einem Blatt Papier ein Quadrat aus. Es sollte an den Seiten 12 Zentimeter lang sein.
2. Falte nun dein Papierquadrat einmal in der Mitte.
3. Die eine Hälfte bemalst du nun mit einer großen Stadt. Riesige Hochhäuser, hohe Türme und winzige Autos gibt es da. Vielleicht noch einen Laden mit Süßigkeiten und Comics?
4. Wenn du deine Traumstadt fertig hast, schneide den oberen Teil aus. Die Hochhäuser und Türme schweben frei aus deinem Bild heraus.
5. Fülle nun eine Schüssel mit Wasser und lasse deine Stadt schwimmen. Dazu legst du das geknickte Stück Papier in die Schüssel hinein. Der unbemalte Teil liegt natürlich im Wasser. Achtung, jetzt pass gut auf, was passiert!

Was passiert?

Kaum liegt deine Stadt im Wasser, recken sich die Hochhäuser und Türme bis zum Himmel empor! Sie richten sich gerade auf und deine Stadt schwimmt wirklich im Wasser. Dort, wo du das Papier geknickt hast, wollen sich die Papierfasern wieder aufrichten. Sie wollen, aufgequollen wie sie sind, den Knick wieder ausgleichen und daher richtet sich deine Stadt auf.

Das steckt dahinter

Das Papier saugt das Wasser in sich auf. Es wird dicker und quillt auf. Deine Traumstadt schwimmt über unergründliche Tiefen und hinaus auf das offene Meer!

Dazu brauchst du
1 Blatt Papier
1 Schüssel
Wasser
1 Schere
Buntstifte
Lineal

Beobachten

Silberlöffel

Es ist nicht alles Silber, was glänzt. Aber du kannst aus einem ganz normalen Löffel einen silbernen zaubern. Leider nur für kurze Zeit, denn dann ist die ganze Pracht wieder weg.

Dazu brauchst du
1 Metalllöffel
1 Kerze
1 Feuerzeug
Wasser
1 Glas

Mach dazu diesen Versuch

1. Bitte bei diesem Versuch einen Erwachsenen, dir zu helfen. Lasse dir von deiner Mutter oder deinem Vater eine Kerze anzünden.
2. In dieser Zeit kannst du schon mal ein Glas zur Hälfte mit Wasser füllen. Stelle dann Kerze und Glas auf den Tisch.
3. Halte den Löffel zuerst vorsichtig in einigen Zentimetern Entfernung über die Kerzenflamme. Halte den Löffel so lange dort, bis er mit Ruß bedeckt ist und ganz schwarz aussieht.
4. Tauche den Löffel anschließend in das mit Wasser gefüllte Glas. Was ist das?

Was passiert?

Der Löffel ist nicht mehr hässlich und schwarz, sondern glänzt wie reines Silber. Leider hört das mit dem Glanz auf, sobald du den Löffel wieder aus dem Wasser herausziehst. Der Grund ist, dass die vielen Luftblasen sehr dicht nebeneinander auf dem Löffel sitzen. Daher sieht es so aus, als ob der Löffel plötzlich aus Silber wäre. Wenn du den Löffel wieder aus dem Wasser herausziehst, platzen die kleinen Blasen. Der Löffel ist dann wieder genauso schwarz wie vorher.

Das steckt dahinter

Der Löffel glänzt an der Luft nicht, weil der Ruß eine ganz raue Oberfläche hat. Diese Oberfläche würde unter dem Mikroskop wie eine Berg- und Talbahn aussehen. Solche rauen Flächen glänzen nicht! Wenn du aber den Löffel ins Wasser tauchst, bleiben in den vielen kleinen Tälern winzige Luftblasen sitzen. Die Luftblasen klemmen dort richtig fest. Luftblasen haben eine ganz glatte und ebene Oberfläche. Sie ist so gleichmäßig, dass sie wie ein kleiner Spiegel aussieht.

Sonnenenergie

In vielen Gegenden der Erde nutzen die Menschen die Energie der Sonne. Mit der Sonnenenergie lässt sich Strom erzeugen. Der Strom wird dann zum Kochen, Heizen oder für elektrisches Licht benutzt. Die Sonnenenergie wird in großen Hohlspiegeln aufgefangen. Diese Art der Energiegewinnung ist natürlich besonders umweltfreundlich. Es werden keine Wälder abgeholzt, es wird kein Öl verbraucht und Atomkraft benötigt man für die Gewinnung der Sonnenenergie auch nicht. Es wird nur benutzt, was sowieso da ist, nämlich die Kraft der Sonne.

Mach dazu diesen Versuch

1. Nimm eine runde Schüssel und bedecke sie von innen komplett mit Alufolie. Du musst aufpassen, dass die Alufolie nicht einreißt!
2. Streiche dann die Alufolie glatt, bis das Innere deiner Schüssel wie ein großer Spiegel aussieht.
3. Lege nun in die Mitte der Schüssel eine kleine Kartoffel. Wenn jetzt draußen die Mittagssonne so richtig brennt und die Sonne senkrecht am Himmel steht, dann ist genau die richtige Zeit für deinen Versuch. Falls ein Regentag ist, musst du das Experiment verschieben.
4. Stelle die Schüssel mit der Alufolie und der Kartoffel in die pralle Sonne. Achte darauf, dass die Kartoffel nicht verrutscht.

Was passiert?

Innerhalb von wenigen Minuten hast du eine gekochte Kartoffel, die du jetzt vielleicht mit etwas Kräuterquark verspeisen kannst. Die Sonnenstrahlen werden in der Mitte der Schüssel gesammelt. Dort entsteht eine sehr hohe Temperatur, die deine Kartoffel gar kocht.

Das steckt dahinter

Die Alufolie sammelt die Sonnenstrahlen. Normalerweise kochen Kartoffeln so ungefähr 20 Minuten. Durch die gesammelte Sonnenenergie ist deine Kartoffel schon nach wenigen Minuten gar.

Beobachten

Dazu brauchst du
1 runde Schüssel
mit flachem Boden
Alufolie
1 kleine Kartoffel

Beobachten

Sonnenpropeller

Die Sonne hat große Kraft und lässt alle Pflanzen blühen. Auch die „Pflanze" Mensch „blüht" nur, weil es die Sonne gibt. Ohne sie wäre unser Planet finster und lausekalt. Wir könnten nicht existieren. Die Sonnenenergie kannst du aber auch zum Antrieb von Dingen benutzen. Es gibt bereits Autos, die mit der Energie der Sonne fahren können. Versuch's doch mal mit einem Propeller, der sich mithilfe der Sonnenwärme dreht.

Mach dazu diesen Versuch

1. Schneide aus der Alufolie vier Rechtecke aus. Sie sollen eine Größe von 3 Zentimeter mal 3,5 Zentimeter haben.
2. Zwei der Rechtecke bemalst du von beiden Seiten mit einem schwarzen Edding.
3. Jetzt klebst du die vier Rechtecke an das Streichholz an. Abwechselnd ein schwarzes und ein alufarbenes Rechteck.
4. Nachdem alles getrocknet ist, befestigst du ein Stück Zwirn an dem Streichholzköpfchen. Das andere Ende des Fadens bindest du an den Bleistift. Der Bleistift muss übrigens etwas länger sein als die Öffnung des Glases. Er fällt sonst in das Glas hinein.
5. Lege den Bleistift mit dem Propeller über das Marmeladenglas, sodass der Propeller im Glas baumelt. Nun stelle das leere Marmeladenglas in die Sonne und beobachte was passiert.

Was passiert?

Nach kurzer Zeit beginnt sich der Propeller zu drehen. Die Sonne erwärmt die schwarzen Flügel mehr als die Alufügel. Der Wärmeunterschied bringt den Dreh in den Propeller.

Das steckt dahinter

Die schwarzen Flügel werden wärmer als die glänzenden Aluflügel. Die alufarbenen Flügel reflektieren die Sonnenstrahlen auf die schwarzen Flügel. Durch diesen Wärmeunterschied beginnt sich der Propeller zu drehen.

Dazu brauchst du

1 Streichholz
Alufolie
Kleber
Schere
1 schwarzen Edding
1 leeres Marmeladenglas
Zwirn
1 Bleistift
Lineal

Springbrunnen

Das ist ein Experiment, das du am besten im Badezimmer machst. Es spritzt nämlich ganz schön bei diesem Versuch. Ein echter kleiner Springbrunnen eben.

Mach dazu diesen Versuch

1. Zuerst bohrst du mit dem Schraubenzieher ein Loch in die Mitte eines Marmeladenglasdeckels. Das Loch muss so groß sein, dass der Strohhalm genau hineinpasst.
2. Fülle das Marmeladenglas zur Hälfte mit kaltem Wasser.
3. Schneide die Tintenpatrone auf und färbe damit das Wasser ein.
4. Schraube nun den Deckel auf das Glas und stecke den Strohhalm durch das Loch. Schiebe den Strohhalm bis zum Boden des Glases.
5. Schneide den Strohhalm dann so weit ab, dass er nur ein Stückchen aus dem Loch herausragt. Das Loch, in dem der Strohhalm steckt, musst du jetzt mit der Knete abdichten.
6. Mit einer kleinen Knetekugel verschließt du auch den Strohhalm, der aus dem Glas herausragt.
7. Koche nun Wasser im Wasserkocher. Das kochende Wasser kippst du in die Plastikschüssel um. Vielleicht lässt du dir dabei helfen?
8. Stelle dann die Plastikschüssel mit dem heißen Wasser in eure Badewanne. Das Marmeladenglas mit dem Strohhalm stellst du nun in die Plastikschüssel mit dem heißen Wasser hinein. Alles zurücktreten, der Spaß beginnt.

Was passiert?

Die Knetekugel fliegt mit affenartiger Geschwindigkeit vom Strohhalm weg und hinterher spritzt eine blaue Wasserfontäne in die Luft. Dein Springbrunnen funktioniert. Der einzige Ausweg für das Wasser ist das kleine Loch im Strohhalm. Es entsteht dabei ein solcher Druck, dass die Knetekugel wegfliegt und das Wasser hinterherspritzt, sobald der Weg frei ist.

Das steckt dahinter

Die Luft im Marmeladenglas wird von dem heißen Wasser erhitzt. Die Luft dehnt sich dabei aus. Selbst das Wasser im Glas wird von der Luft verdrängt.

Beobachten

Dazu brauchst du

1 leeres Marmeladenglas
1 Strohhalm
Knete
1 Tintenpatrone
Plastikschüssel
Schraubenzieher
Schere
Wasserkocher

Beobachten

Spüliwasser

Im Versuch „Wasserhaut" wirst du sehen, dass Wasser eine Haut hat. Jetzt kannst du ausprobieren, ob du diese Haut zerstören kannst. Wenn du natürlich mit der Faust auf die Wasseroberfläche haust, ist das kein Problem. Das spritzt allerdings ganz schön! Es gibt auch eine weniger nasse Methode.

Mach dazu diesen Versuch

1. Fülle Wasser in eine Schüssel und lege die Nähnadel und die Büroklammer sehr vorsichtig auf die Wasseroberfläche.
2. Wenn deine Gegenstände dann so richtig schön schwimmen, kannst du mit dem Experiment beginnen.
3. Tropfe ein wenig Spülmittel in das Wasser. Was passiert mit deinen Gegenständen?
4. Für den nächsten Versuch musst du die Schüssel sehr gründlich ausspülen. Es darf kein Spülmittel mehr in der Schüssel sein.
5. Fülle die Schüssel dann wieder mit Wasser und lege einige Streichhölzer so auf die Wasseroberfläche, dass eine sternförmige Figur entsteht. Jetzt nimmst du das Spülmittel und tropfst genau in die Mitte deines Sterns einen Tropfen davon. Was passiert jetzt?

Dazu brauchst du
1 Schüssel
Wasser
1 Büroklammer
1 Nähnadel
Spülmittel
Streichhölzer

Was passiert?

Wenn du Spülmittel in das Wasser tropfst, werden die beiden Gegenstände sofort in der Schüssel versinken. Bei den Streichhölzern wird dies zwar nicht passieren, dafür schießen sie aber in alle Richtungen auseinander. Die Oberflächenspannung des Wassers wird durch Spülmittel zerstört. Die Wasserteilchen werden von den Spülmittelteilchen umzingelt und halten nicht mehr zusammen.

Das steckt dahinter

Das Spülmittel zerstört die Wasserhaut und verringert den Zusammenhalt der kleinen Wasserteilchen. Die kleinen Teilchen des Spülmittels bilden kleine Kreise um die einzelnen Wasserteilchen und trennen sie voneinander. Bei dem Versuch mit den Streichhölzern reißt durch das Spülmittel die Wasserhaut und die Streichhölzer bewegen sich fort.

Fühlen

Spurensicherung

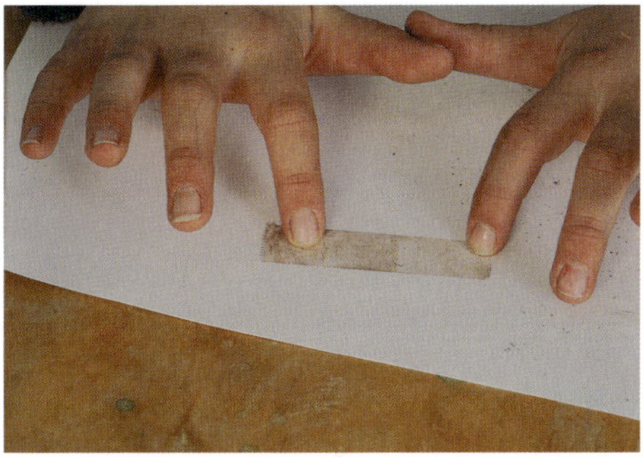

Der Dieb hat wieder einmal zugeschlagen und der letzte Schokoladenpudding aus eurem Kühlschrank ist verschwunden. Niemand will es gewesen sein und du schaust in den leeren Kühlschrank. So kann das nicht weitergehen! Der Dieb muss endlich dingfest gemacht werden! Vielleicht hat er ja Spuren hinterlassen?

Mach dazu diesen Versuch

1. Nimm ein sauberes Glas und drehe es durch deine Hände. Drücke ruhig etwas fester zu, denn du willst ja schöne Fingerabdrücke haben.
2. Jetzt nimmst du das Grafitpulver und bestäubst das Glas vorsichtig damit.
3. Das Pulver, das noch lose auf dem Glas liegt, pustest du einfach weg. Mit der Lupe kannst du nun dein Glas ganz genau von allen Seiten ansehen. Entdeckst du die Fingerabdrücke?
4. Auf einen der Fingerabdrücke klebst du nun einen Streifen Tesafilm.
5. Ziehe den Tesafilmstreifen wieder ab und klebe ihn auf das Blatt Papier.

Was passiert?

Auf dem Blatt Papier kannst du den Fingerabdruck ganz deutlich erkennen! Was auf dem Glas funktioniert hat, lässt sich natürlich auch mit der Kühlschranktür ausprobieren. Das Grafitpulver ist sehr, sehr fein und bleibt an den fettigen oder feuchten Stellen kleben. Da das Pulver dunkel ist, wird der Fingerabdruck sichtbar.

Das steckt dahinter

Die Finger an den Händen sind immer etwas fettig oder feucht. Die Fingerspitzen oder Fingerkuppen hinterlassen daher auf fast allen glatten Gegenständen Spuren.

Dazu brauchst du

1 Blatt Papier
1 Glas
Lupe
Tesafilm
Grafitpulver

Beobachten

Streichholzgourmet

Weißt du eigentlich, was ein Gourmet ist? Das ist ein Mensch, der so ein richtiger Feinschmecker ist. Jetzt fragst du dich wahrscheinlich, was um alles in der Welt das mit einem Streichholz zu tun haben soll, oder? Na, ganz klar, es gibt auch Streichhölzer, die so richtige Feinschmecker sind und gerne naschen.

Dazu brauchst du
1 Streichholz
1 Schüssel
Würfelzucker
Wasser
Bindfaden

Mach dazu diesen Versuch

1. Fülle eine Schüssel gut zur Hälfte mit Wasser.
2. Lasse dein Gourmetstreichholz in der Mitte der Schüssel schwimmen.
3. Jetzt nimmst du ein Stückchen Würfelzucker und bindest den Faden sorgfältig daran fest.
4. Lege den Würfelzucker ein kleines Stückchen vom Streichholz entfernt auf die Wasseroberfläche. Halte ihn dabei am Bindfaden fest, sonst ertrinkt er! Ah, der Streichholzgourmet hat Witterung aufgenommen, er hat den Köder gesichtet, und richtig, er ist so verfressen, wie du vermutet hast.

Was passiert?

Kopfüber stürzt sich das Streichholz auf den Zucker. Natürlich nicht aus Hunger, sondern weil das Wasser in Bewegung gerät. Der Zucker löst sich im Wasser auf. Da aber die Zuckerlösung schwerer ist als Wasser, versinkt sie. Dort, wo vorher die Zuckerlösung war, ist jetzt Platz für neues Wasser. Das Wasser in deiner Schüssel drängt nach und nimmt das Streichholz einfach mit.

Das steckt dahinter

Der Zucker beginnt, sich im Wasser aufzulösen. Die Zuckerlösung ist schwerer als Wasser. Sie versinkt nach unten. Das Wasser gerät dabei in Bewegung und erzeugt eine Strömung die dein Streichholz in die Mitte der Schüssel treibt.

Taucher

In den Tiefen der Ozeane gibt es neben Riesenkraken und Laternenfischen auch noch allerlei andere unheimliche Tiefseebewohner zu entdecken. Aber wie kommt ein Mensch eigentlich in solche Tiefen? Der Marianengraben ist zum Beispiel über 11.000 Meter tief und da kommt man nur in einem U-Boot hin. Eine andere Möglichkeit zu tauchen ist die Taucherglocke. Mit ihr kann man allerdings lange nicht so tief tauchen.

Mach dazu diesen Versuch

1. Zuerst zerknüllst du das Papier mit deinen Händen und dann stopfst du es in das Glas. Schön tief hinein.
2. Fülle nun eine Schüssel mit Wasser. Drehe jetzt das Glas um. Hoffentlich hast du das Papier gut festgestopft, sonst fällt es heraus. Das soll es nicht, also wirklich fest reinstopfen!
3. Halte dann das Glas gerade und tauche es genauso gerade und umgedreht in die Wasserschüssel ein. Es darf ruhig bis zur Hälfte unter Wasser sein.
4. Dann ziehe das Glas gerade wieder aus dem Wasser heraus.

Was passiert?

Man glaubt es kaum, aber das Papier ist trocken geblieben! In deinem Glas steckt nicht bloß das Papier, sondern da ist auch Luft drin. Tauchst du das Glas gerade ins Wasser, kann die Luft nicht aus dem Glas entweichen. Das funktioniert aber nur, solange das Glas genau senkrecht im Wasser ist. Kippst du es leicht an, dann läuft es sofort voll.

Das steckt dahinter

Die Taucherglocken funktionieren übrigens nach dem gleichen Prinzip. Die Luft kann nicht aus der Taucherglocke entweichen, obwohl sie komplett von Wasser umgeben ist. Allerdings kann ein Taucher in solch einer Glocke nicht lange unter Wasser bleiben, da der Sauerstoff zum Atmen relativ bald aufgebraucht ist.

Beobachten

Dazu brauchst du

1 hohes Glas
1 Blatt Papier
1 Schüssel
Wasser

Beobachten

Teichgucker

Beobachtest du auch gerne Tiere? Am liebsten die kleinen Bewohner der Unterwasserwelt in einem Teich? Vielleicht habt ihr ja sogar einen Gartenteich? Hast du dir nicht schon oft gewünscht, durch das Wasser hindurchzusehen, ohne dass die Spiegelungen der Wolken in der Wasseroberfläche dich stören?

Dazu brauchst du
30 cm Plastikrohr (z.B. Dachrinne aus dem Baumarkt)
Frischhaltefolie
Klebeband
Schere

Mach dazu diesen Versuch

1. Nimm ein Stück Plastikrohr und spanne die Frischhaltefolie fest über das eine Ende des Rohres. Achte darauf, dass die Folie nicht einreißt!
2. Befestige dann mit dem Klebeband die Folie am Rand des Plastikrohrs. Dein Teichgucker ist schon fertig!
3. Jetzt kannst du dir einen schönen Beobachtungsplatz an einem Teich oder Tümpel in deiner Nähe suchen. Tauche deinen Teichgucker mit der Folienseite ins Wasser. An der anderen Seite kannst du hineinsehen und mit deiner Forschung beginnen. Na, was kannst du alles entdecken?
4. Besonders spannend ist es natürlich, wenn du diesen Versuch im Frühjahr machst. In dieser Jahreszeit beobachtest du, wie sich die Kaulquappen entwickeln. Du kannst dann jeden Tag sehen, wie sie wachsen und irgendwann die kleinen Beinchen der zukünftigen Frösche sichtbar werden. Diese Verwandlung der Kaulquappen in Frösche nennen die Biologen übrigens Metamorphose.

Was passiert?

Wenn du deinen Teichgucker ins Wasser tauchst, wölbt sich die Folie durch den Wasserdruck nach innen. Daher hast du nun den absoluten Durchblick in der Unterwasserwelt.

Das steckt dahinter

Im Wasser herrscht ein anderer Druck als an Land. Das nutzt du bei der Konstruktion deines Teichguckers aus. Durch den Schutz der Folie und das dunkle Plastikrohr kannst du viel besser sehen.

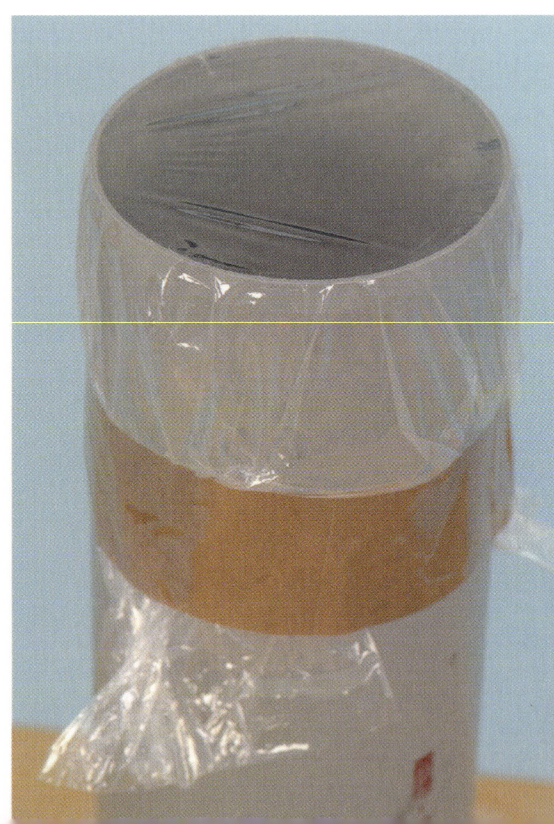

Wärmespeicher

Warum trägst du eigentlich Kleidung? Nur weil alle welche tragen? Oder weil sie so cool ist? Oder frierst du ohne Pulli und Jeans? Wärmt dich deine Kleidung denn wirklich oder könntest du nicht genauso gut ohne auskommen?

Mach dazu diesen Versuch

1. Schneide einen alten Pullover oder eine alte Decke in so große Stücke, dass du eine Flasche ganz bequem darin einwickeln kannst. Nimm aber bitte wirklich nur Sachen, die schon für die Altkleidersammlung aussortiert waren! Nicht die neue Strickjacke von deinem Papa!
2. In die beiden Flaschen füllst du nun mithilfe des Trichters heißes Wasser. Vorsichtig, gieße dir nichts über die Hände, denn sonst verbrühst du dich fürchterlich!
3. Eine der gefüllten Flaschen wickelst du nun vollständig in das zurechtgeschnittene Kleidungsstück ein. Wenn du möchtest, kannst du der Flasche auch noch eine Pudelmütze aufsetzen oder einen Schal umbinden!
4. Die andere Flasche lässt du unbekleidet stehen.
5. Nach ungefähr einer Stunde ziehst du die angezogene Flasche wieder aus und misst mit dem Thermometer die Temperatur.

Was passiert?

Das Wasser in der bekleideten Flasche ist noch viel wärmer als das Wasser in der anderen Flasche. Die Kleidung hat die Flasche warm gehalten, die andere Flasche hat sich in der Zwischenzeit abgekühlt.

Das steckt dahinter

Ein warmer Gegenstand, oder auch der Mensch, geben ihre Wärme nach und nach an die Umgebung ab. Die Kleidung bremst diese Wärmeabgabe. Der Stoff der Kleidung hat viele kleine Hohlräume, in denen die Wärme nicht gut weiter nach außen geleitet werden kann.

Fühlen

Dazu brauchst du
2 leere Flaschen
heißes Wasser
Trichter
Thermometer
sehr alte Wolldecke oder einen kaputten Wollpullover

Beobachten

Wasser

Dass im Meer das Wasser salzig ist und in den Seen nicht, weißt du bestimmt. Aber was ist der Unterschied zwischen hartem und weichem Wasser? Das harte Wasser kommt doch nicht in Würfelform aus der Leitung?

Mach dazu diesen Versuch

1. Fülle in ein Glas warmes Leitungswasser und löse darin etwa ½ Teelöffel Flüssigseife auf.
2. Rühre so lange um, bis die Seife sich richtig schön aufgelöst hat.
3. In jedes Marmeladenglas füllst du nun eine Teelöffelspitze von der Seifenwasserlösung.
4. Das eine Glas füllst du dann mit Leitungswasser auf und das andere mit Regenwasser. Du musst unbedingt darauf achten, dass du in beide Gläser die genau gleiche Menge an Wasser füllst. Vielleicht nimmst du einen Messbecher zur Hilfe oder du stellst die Gläser nebeneinander und vergleichst die Höhe des Wasserstands in beiden Gläsern.
5. Schraube dann die Gläser zu und schüttele sie kräftig durch! Was kannst du beobachten?

Was passiert?

Das Glas mit dem Regenwasser schäumt viel mehr als das Glas mit dem Leitungswasser. Wasser, in dem Kalk aufgelöst ist, nennt man hartes Wasser. Es braucht viel mehr Seife oder Waschpulver, bis es schäumt. Regenwasser ist ohne Kalk und wird weiches Wasser genannt. Der Härtegrad des Leitungswassers zeigt dir, wie viel Kalk in dem Wasser enthalten ist.

Das steckt dahinter

In dem Leitungswasser ist Kalk. Natürlich bröckelt der nicht aus der Leitung heraus, sondern er ist in dem Wasser gelöst. Du kannst ihn nicht sehen. Kalk verhindert die Schaumbildung. In deinem Regenwasserglas ist kein Kalk enthalten, daher schäumt es so schön.

Dazu brauchst du
2 alte Marmeladengläser mit Deckel
Regenwasser
Leitungswasser
Flüssigseife
1 Glas
1 Teelöffel

Wasserberg

Bestimmt hast du dir ein Glas schon einmal so voll geschüttet, dass es übergelaufen ist, oder? Bäh, so eine Sauerei! Wenn dir nur Mineralwasser übergelaufen ist, dann hast du ja Glück gehabt. Schlimm ist Zitronensprudel oder Orangensaft. Der klebt dann wirklich überall. In diesem Experiment kannst du ganz absichtlich ausprobieren, wie lange es dauert, bis ein Glas überläuft. Aber du nimmst am besten Wasser für den Versuch!

Mach dazu diesen Versuch

1. Fülle ein Glas randvoll mit Wasser und stelle es auf einen Tisch. Gut wäre, wenn du zur Sicherheit eine Plastikdecke oder ein Plastikset unterlegst!
2. Schau dir dein volles Glas an und überlege dann, wie viele Sicherheitsnadeln du in dem Glas versenken kannst, bis es überläuft? Was meinst du? Etwa fünf oder sechs?
3. Lege die Sicherheitsnadeln auf einen kleinen Haufen und versenke sie nacheinander in dem vollen Glas. Na, überrascht?

Was passiert?

Vermutlich musst du noch viel mehr Sicherheitsnadeln besorgen! Wenn das Wasserglas endlich überläuft, hast du bestimmt mehr als 20 Sicherheitsnadeln auf dem Boden des Glases liegen!

Das steckt dahinter

Wenn du von der Seite auf das Glas schaust, dann meinst du, dass ein richtiger Wasserberg aus dem Glas wächst. Die Wasseroberfläche wölbt sich über dem Glas und hält dennoch zusammen. Wasser hat eine Haut. Der kleine Berg auf dem Glas wird von dieser Wasserhaut zusammengehalten und verhindert so eine ganze Weile das Überlaufen.

Beobachten

Dazu brauchst du
1 Glas
Wasser
Sicherheitsnadeln

Fühlen

Wassereimer

Kannst du dir vorstellen, dass du einen Eimer voll Wasser mit der Öffnung nach unten direkt über deinen Kopf hältst, ohne dass du dabei nass wirst? Das funktioniert! Trotzdem solltest du für dieses Experiment besser nach draußen gehen. Man weiß ja nie!

Dazu brauchst du
1 Eimer mit stabilem Henkel
Wasser

Mach dazu diesen Versuch

1. Fülle deinen Eimer zur Hälfte mit Wasser. Stelle dich ein wenig breitbeinig hin und achte darauf, dass rechts und links neben dir genügend Platz ist und du nicht aus versehen anstößt.
2. Fasse den Eimer am Henkel und schwinge ihn probehalber einige Male etwas hin und her.
3. Wenn du sicher stehst und den Eimer gut im Griff hast, dann geht es los. Schwinge den Eimer in einem großen Kreis herum und mehrmals auch über dich. Du darfst aber nicht zwischendrin anhalten, denn dann bist du nass!

Was passiert?

Obwohl der Eimer bei deinen Kreisbewegungen genau mit der Öffnung nach unten über deinem Kopf steht, bleibst du trocken! Die Fliehkraft wirkt nicht nur auf deinen Arm und den Eimer, sondern auch auf das Wasser im Eimer. Das Wasser wird regelrecht gegen den Eimerboden gepresst und kann so nicht aus dem Eimer auslaufen.

Das steckt dahinter

Bei deinen Bewegungen schleuderst du den Eimer im Kreis herum. Der Eimer zieht richtig an deiner Hand und du meinst, er wird immer schwerer. Je schneller du den Eimer schleuderst, umso stärker ist dieses Gefühl. Die Kraft, die sich hier entwickelt, nennt man Fliehkraft. Bei allen Dingen, die sich im Kreis bewegen, entsteht diese Fliehkraft. In einem Karussell auf der Kirmes übrigens auch. Vielleicht hast du sie schon selbst gespürt?

Wasserflöte

Trinkst du gerne durch einen Strohhalm? Genauso viel Spaß wie das Trinken durch einen Strohhalm macht das Pusten in den Strohhalm und die Blubberblasen, die dann im Getränk entstehen. Auf eine ganz ähnliche Weise lässt sich aber außer den Blubberblasen noch Musik machen. Wenn du statt des Strohhalms eine alte Filzstifthülle nimmst, funktioniert das prima!

Mach dazu diesen Versuch

1. Schneide den alten Filzstift oben und unten vorsichtig mit einer Schere auf und befreie ihn von seinem Innenleben. Die alte Mine kannst du wegschmeißen.
2. Säubere die Filzstifthülle gründlich von möglichen Farbresten. Die saubere Hülle tauchst du nun mit der einen Öffnung in die Wasserschüssel ein.
3. Die andere Öffnung drückst du gegen deine Unterlippe und bläst dann über den Rand der Filzstifthülle. Na, hörst du schon etwas?

Was passiert?

Wenn du Glück hast, hörst du schon beim ersten Mal einen blubbernden Ton. Vielleicht musst du aber auch ein wenig üben, bis es klappt. Wenn du die Filzstifthülle mal tiefer, mal weniger tief ins Wasser eintauchst, kannst du so die Höhe deiner Wasserflötentöne verändern. Wenn du deine Filzstifthülle tiefer in das Wasser eintauchst, verkürzt du die Luftsäule und der Ton wird höher. Ziehst du die Hülle weiter aus dem Wasser heraus, verlängert sich die Luftsäule wieder und der Ton wird dadurch tiefer.

Das steckt dahinter

Indem du durch die Filzstifthülle bläst, wird die Luft in der Hülle in Schwingung versetzt. Durch diese Schwingung entsteht ein deutlich hörbarer Ton. Dieser mit Luft gefüllte Hohlraum in deiner Filzstifthülle heißt Luftsäule. Alle Blasinstrumente sind nach diesem Prinzip gebaut.

Hören

Dazu brauchst du
1 Schüssel mit Wasser
1 alten Filzstift
Schere

Beobachten

Wasserglas

Hokuspokus, dies ist ein Trick, um alle zu verblüffen! Ein Wasserglas mit Wasser gefüllt steht auf dem Kopf und das Wasser bleibt trotzdem im Glas drin. Wetten werden natürlich gerne angenommen!

Dazu brauchst du
1 Wasserglas
1 Stück Pappe
Wasser

Mach dazu diesen Versuch

1. Am besten machst du diesen Versuch im Sommer draußen vor dem Haus. Wenn aber jetzt gerade Winter ist und du den Versuch trotzdem nicht verschieben möchtest, dann mache ihn am Besten über der Badewanne.
2. Fülle dein Glas bis zur Hälfte mit Wasser. Lege nun die Pappe auf das Glas.
3. Drücke die Pappe mit der einen Hand fest auf das Glas, während du mit der anderen Hand das Glas umdrehst. Achtung! Drücke die Pappe so lange auf dem Glas an, bis du es wirklich komplett umgedreht hast. Wenn du zwischendurch loslässt, läuft das Wasser aus.

Jetzt kannst du die Hand wegziehen und …

Was passiert?

… das Wasser bleibt im Glas! Der Luftdruck drückt gegen die Pappe. Von oben wird die Pappe vom Glas bedeckt und der Luftdruck ist daher nicht so groß wie von unten. Die Luft von unten drückt stärker gegen die Pappe als der Luftdruck von oben und presst das Wasser zusammen. Das Wasser bleibt also im Glas!

Das steckt dahinter

Um uns herum ist Luft. Diese Luft übt Druck aus. Wenn du versuchst, mit einem aufgespannten Regenschirm, den du vor dich hältst, zu laufen, dann merkst du das sehr gut. Der Luftdruck hilft dir bei diesem Experiment und hält das Wasser im Glas fest.

Beobachten

Wasserhaut

Der menschliche Körper ist von Haut umgeben. Die Haut hält die Knochen, Muskeln, das Blut und unsere Organe zusammen und schützt sie. Beim Wasser ist das ganz ähnlich. Es ist ebenfalls von einer Haut überzogen.

Mach dazu diesen Versuch

1. Fülle eine Schüssel zur Hälfte mit Leitungswasser und stelle sie auf einen Tisch.
2. Jetzt brauchst du viel Fingerspitzengefühl. Lege sehr, sehr vorsichtig die Nähnadel und die Büroklammer auf das Wasser. Beide Gegenstände bestehen zwar aus Eisen, aber das Ergebnis ist verblüffend.

Dazu brauchst du
1 Schüssel
Wasser
1 Nähnadel
1 Büroklammer

Das steckt dahinter

Eisen ist etwa achtmal so schwer wie Wasser. Eigentlich müssten die Gegenstände also in der Schüssel versinken! Die Dinge schwimmen aber auf der Haut des Wassers. Der Grund ist ganz einfach: Diese Haut besteht ebenfalls aus Wasser. Die ganz kleinen Teilchen des Wassers halten aber viel fester zusammen als die Teilchen in der Luft. Die Wasserteilchen wollen zusammenbleiben und sich nicht durch die kleinen Gegenstände, die du auf das Wasser gelegt hast, trennen lassen. Dadurch bildet das Wasser eine Haut und deine Gegenstände gehen nicht unter. Wenn du im Sommer an einem Teich sitzt, kannst du sehen, wie wichtig diese Haut für die kleinen und zierlichen Wasserläufer ist. Die Insekten laufen elegant über das Wasser, ohne zu versinken.

Was passiert?

Beide Gegenstände schwimmen auf dem Wasser, obwohl sie aus Eisen sind. Genauer gesagt auf der Wasserhaut. Die Haut auf dem Wasser ist gespannt und hält alles zusammen. Das nennt man auch die Oberflächenspannung des Wassers. Diese Spannung sorgt auch dafür, dass viele ganz kleine Wassertröpfchen zusammen einen dicken Regentropfen bilden können.

Beobachten

Wasserzustandsformen

Du benutzt täglich Wasser. Morgens zum Waschen, zumindest hoffe ich das! Zum Trinken und als Eiswürfel in Getränken. Und wenn du mal ganz stark erkältet bist, vielleicht auch als Dampfbad mit Kamille. Aber hast du dir eigentlich überlegt, wie die unterschiedlichen Zustände des Wassers entstehen und was daran anders ist als bei anderen Stoffen?

Mach dazu diesen Versuch

1. Befülle einen Eiswürfelbehälter mit Wasser und stelle ihn für einige Stunden in das Gefrierfach. Falls du keinen solchen Eiswürfelbehälter hast, kannst du auch eine einfache Plastikbox benutzen.
2. Wenn du nach einigen Stunden nachschaust, hast du Eis. Die Eiswürfel klopfst du zur Hälfte aus dem Eiswürfelbehälter heraus. Die andere Hälfte packst du wieder in den Gefrierschrank, du brauchst sie noch.
3. Die entnommenen Eiswürfel legst du in einen Kochtopf und erwärmst sie auf dem Herd. Am besten lässt du dir dabei von einem Erwachsenen helfen.
4. Die Eiswürfel schmelzen langsam und werden zu flüssigem Wasser. Wenn du das Wasser weiter erwärmst, beginnt es zu kochen. Schließlich bildet sich aus dem Wasser Dampf, und wenn du den Herd jetzt nicht abdrehst, dann ist irgendwann das Wasser ganz verschwunden. Also Vorsicht, sonst brennt alles am Topfboden an!
5. Nimm nun die Schüssel und fülle sie mit Wasser. Mit flüssigem Wasser, um genau zu sein.
6. In die Schüssel mit dem Wasser wirfst du nun die restlichen Eiswürfel. Die Eiswürfel versinken natürlich sofort im Wasser. Oder doch nicht? Sind denn die dicken Würfel nicht schwer?

Das steckt dahinter

Wasser kommt in drei Zustandsformen vor. Fest, flüssig und gasförmig. Die Temperatur bestimmt, welche Zustandsform das Wasser gerade hat. Es gefriert bei 0 Grad Celsius und

Dazu brauchst du
Wasser
1 Kochtopf
1 Schüssel
Gefrierfach
Eiswürfelbehälter

kocht bei 100 Grad Celsius. Dann beginnt es auch zu verdampfen. Den Übergang vom Eis zum flüssigen Wasser nennt man Schmelzpunkt. Den anderen Übergang, vom kochenden Wasser zum Wasserdampf, nennt man Siedepunkt. Viele Stoffe haben diese drei Zustandsformen. Jetzt gibt es aber eine Ausnahme. Dass die Eiswürfel im Wasser schwimmen, ist ungewöhnlich. Normalerweise dehnen sich Stoffe bei Wärme aus und ziehen sich bei Kälte zusammen. Beim Wasser ist das anders. Bis zu einer Temperatur von 4 Grad Celsius zieht sich das Wasser beim Abkühlen zusammen. Dann beginnt es auf einmal, sich wieder zu dehnen. Es wird schlagartig größer. Weil nun die gleiche Menge Wasser in Eisform größer ist, ist das Eis leichter. Daher schwimmen die Eiswürfel auf dem Wasser. Diese unregelmäßige Ausdehnung von Wasser wird als Anomalie bezeichnet. Sie ist die Ursache dafür, dass tiefere Seen auch im eisigen Winter nicht bis auf den Grund zufrieren und so die Fische nicht zu Eis erstarren sondern überleben.

Was passiert?

Am Grund eines Sees hat das Wasser immer mindestens eine Temperatur von 4 Grad Celsius. Es ist warm genug, damit die Fische überwintern können. Ist das Wasser hingegen kälter als 4 Grad Celsius, dehnt es sich wieder aus. Bei 0 Grad Celsius gefriert Wasser. Gefrorenes Wasser hat ein größeres Volumen als flüssiges Wasser. Eis schwimmt also auf dem Wasser und der See beginnt von oben zu gefrieren.

Beobachten

Wolkenfabrik

Riesige Gewitterwolken ziehen wie mächtige Ozeanriesen über den Himmel. Es kommt Wind auf und gleich fängt es an zu donnern. All das hast du bestimmt auch schon beobachtet? Oder die kleinen, weißen Wattewolken, die aussehen wie eine Herde Schafe beim Grasen. Hast du die schon gesehen? Dann gibt es da auch noch die Schönwetterwolken, die an einem warmen Sommertag träge über den Himmel ziehen. Oder die aufgequollenen dicken Regenwolken, die jeden Moment platzen können. Es gibt so viele unterschiedliche Wolken, aber weißt du eigentlich, wie sie entstehen?

Mach dazu diesen Versuch

1. Koche in dem Wasserkocher Wasser. Falls ihr keinen Wasserkocher habt, kannst du natürlich auch einen Wasserkessel oder einen Topf nehmen.
2. Das heiße Wasser schüttest du vorsichtig in das Einmachglas hinein. Lass dir dabei besser helfen! Verbrühungen tun scheußlich weh!
3. Wenn du dir dein Einmachglas nun anschaust, dann siehst du, wie der Wasserdampf aus dem Gefäß aufsteigt.
4. Nimm nun den Eiswürfelbehälter aus dem Gefrierfach und halte ihn zusammen mit den Eiswürfeln über das Einmachglas mit dem heißen Wasser. Sofort kondensiert der Wasserdampf.

Das steckt dahinter

Wenn Wasser kocht, entsteht Wasserdampf. Der Wasserdampf steigt nach oben und kühlt dort durch den Eiswürfelbehälter sehr schnell

Dazu brauchst du
1 großes Einmachglas
Wasserkocher
Wasser
Eiswürfelbehälter mit Eiswürfeln darin

Was passiert?

Wenn das Wasser kondensiert, bilden sich kleine Wassertröpfchen, die in der Luft schweben. Wenn Wasser erst verdampft und dann wieder abkühlt, entstehen Wolken. So hast du eine eigene Wolke hergestellt. Mit deiner kleinen Wolkenfabrik kannst du nun so viele Wolken machen, wie du willst. Die Wassermenge in allen Wolken auf der ganzen Welt ist übrigens immer gleich. Es ist so viel wie ein Würfel mit einer Seitenlänge von 80 Kilometern, der komplett mit Wasser gefüllt ist.

ab. Der Wasserdampf verwandelt sich wieder in Wassertröpfchen zurück.

Bei den Wolken, die du draußen beobachtest, funktioniert das genauso. Wenn es warm ist, verdunstet das Wasser aus den Meeren und Seen. Es steigt als Dampf nach oben und kühlt in den höheren Luftschichten wieder ab. Dort oben ist es nämlich ganz schön kalt. Der Dampf kondensiert, es bilden sich Wassertröpfchen in der Luft.

Daraus entstehen dann die Wolken. Sehr viele unterschiedliche Wolken, denen die Wissenschaftler interessante Namen gegeben haben. Die Cumulonimbus-Wolken sind die dicken Gewitterwolken, sie bringen auch oft Hagel und viel Wind mit. Wenn die Sonne sich hinter einem dunstigen Schleier versteckt, dann kannst du sicher sein, dass sich eine Cirrostratus-Wolke vor sie geschoben hat. Die Stratocumulus-Wolken bringen den Regen mit. Die Cirrus-Wolken sind die Vorboten von dicker Bewölkung.

Beobachten

Wüstenwasser

Falls du irgendwann einmal vorhast, eine große Wüste auf dem Rücken von Kamelen zu durchqueren, und deine Karawane verlierst, weil dein Kamel langsamer als alle anderen Kamele ist, dann hast du vielleicht ein Problem. Du stellst nämlich fest, dass du nicht nur die Karawane verloren hast, sondern dass dein störrisches und dummes Kamel auch noch die Schläuche mit dem Trinkwasser abgeworfen hat. Die liegen nun in der Wüste und verdunsten und du verdurstest. Oder?

Dazu brauchst du
1 Glas
durchsichtige Plastikfolie
Steine

Mach dazu diesen Versuch

1. Gehe nach draußen und grabe ein kleines Loch in die Erde. Aber bitte nicht das Blumenbeet des Nachbarn nehmen, sondern eine freie Ecke suchen. Du kannst das Experiment aber auch auf dem nächsten Spielplatz in der Sandkiste machen, wenn du keinen anderen Platz findest – hauptsache, du kannst ein kleines Loch schaufeln.
2. In das Loch stellst du nun ein Glas hinein. Über das Loch mit dem Glas spannst du eine Plastikfolie und beschwerst sie am Rand mit den Steinen. Dichte alles mit Erde oder Sand ab.
3. In die Mitte der Plastikfolie legst du einen kleinen und leichten Stein. Der Stein muss so liegen, dass die Folie wie ein Trichter über dem Glas hängt, aber das Glas trotzdem nicht berührt.
4. Wenn jetzt die Sonne auf die Folie scheint, musst du nicht verdursten!

Was passiert?

Nach einiger Zeit bilden sich an der Innenseite der Plastikfolie Wassertröpfchen. Diese Tröpfchen rinnen an der Folie entlang und tropfen schließlich in dein Glas. Du musst also nicht verdursten. Selbst die trockenste Erde enthält immer noch Wasser. Die Sonnenstrahlen erwärmen das Wasser in der Erde, es verdunstet und schlägt sich an der Folie nieder.

Das steckt dahinter

Das Wasser verdunstet durch die Sonneneinstrahlung und wird aber durch die Folie aufgehalten. Die Tropfen legen sich an der Innenseite der Folie an und laufen bis dahin, wo der kleine Stein liegt. Anschließend tropfen sie dann in dein Glas.

Zahnlöcher

Aua! Da tut etwas weh! Ein scheußliches Ziehen im Zahn. Da wird doch wohl kein Loch drin sein? Du hast doch bis gerade eben überhaupt nichts bemerkt. Löcher in den Zähnen entstehen allerdings nicht von heute auf morgen. Es dauert schon ein wenig länger und dann hast du auf einmal Zahnschmerzen. Doch wo kommen die Löcher her?

Mach dazu diesen Versuch

1. Schütte den ausgepressten Zitronensaft in das Wasserglas.
2. Lege den alten Milchzahn in das Glas und lasse alles einige Tage stehen.

Was passiert?

Der Zahn hat sich nach einigen Tagen an manchen Stellen ein wenig aufgelöst. Je länger du den Zahn in der Wasser-Zitronensaft-Mischung liegen lässt, desto mehr verschwindet von ihm.

Auch Süßigkeiten schaden den Zähnen. Die kleinen Bakterien in deinem Mund ernähren sich von dem Zucker in den Süßigkeiten. Während die Bakterien den Zucker essen, verwandeln sie ihn in Säure. Die Säure greift dann wieder deine Zähne an.

Das steckt dahinter

Der Zahn ist zum Schutz von Zahnschmelz umgeben. Dieser Zahnschmelz ist zwar ziemlich hart, aber die Säure aus der Zitrone greift den Zahnschmelz an und weicht ihn auf. Es entsteht das, was der Zahnarzt Karies nennt. Löcher! Wenn du dir aber regelmäßig deine Zähne putzt, härtest du mit den Fluoriden in der Zahnpasta deinen Zahnschmelz. Die Fluoride schützen deinen Zahnschmelz gegen Säuren.

Beobachten

Dazu brauchst du
1 ausgefallenen Milchzahn
1/2 Glas Wasser
Zitronensaft von zwei Zitronen

Hören

Zahnohren

Kannst du dir vorstellen, statt mit deinen Ohren mit deinen Zähnen zu hören? Wenn dir dann jemand vorwirft, du könntest ja schon wieder einmal nicht hören, dann kannst du ganz lieb antworten: „Ach, das liegt an meinen Zähnen!“ Du glaubst das nicht? Dann probiere es aus!

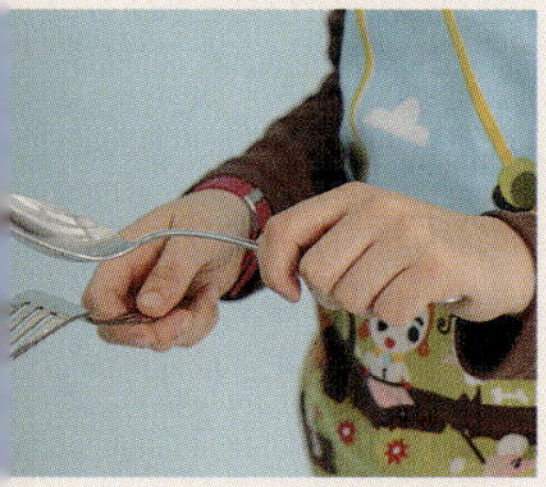

Dazu brauchst du
1 Gabel
1 Löffel

Mach dazu diesen Versuch

1. Schlage mit dem Löffel an die Zinken der Gabel.
2. Nimm nun den Griff der Gabel ganz vorsichtig zwischen deine Zähne und beiße leicht zu. Hörst du schon etwas?

Was passiert?

Du kannst einen Ton hören, den du nicht hören konntest, als die Gabel noch nicht in deinem Mund und zwischen deinen Zähnen steckte. Wenn du nun deinen Biss lockerst, wird der Ton sofort wieder unhörbar. Natürlich sind deinen Zähnen über Nacht keine Ohren gewachsen! Halte deine Ohren jetzt einmal fest zu und sage etwas oder summe ein Lied. Eigentlich kannst du ja nichts hören mit zugehaltenen Ohren. Aber du hörst dich trotzdem selbst reden oder singen!

Das steckt dahinter

Wir hören, weil Geräusche Schwingungen auslösen. Diese Schwingungen fängt das Trommelfell auf und leitet sie an das Innenohr weiter. So werden die Schallwellen hörbar gemacht. Aber nicht nur das Trommelfell kann Schwingungen auffangen. Manchmal kannst du diese Schwingungen sogar im Bauch spüren, zum Beispiel bei sehr lauter Musik.

Deine Zähne fangen in unserem Experiment die Schwingungen der Gabel auf. Die Knochen in deinem Kopf leiten die Töne weiter. Du kannst daher die Töne der Gabel und deine eigene Stimme über die Knochen in deinem Kopf hören.

Zauberblumen

Pflückst du auch manchmal Blumen für deine Mutter oder für deine Oma? Herrlich, so duftende Margeriten oder Kamillenblüten. In Rot, Gelb und Blau! Wieso denn das? Die sind doch ganz weiß, die Margeriten und die Kamille! Tja, aber du kannst ja der Natur ein wenig nachhelfen und einen bunten Strauß aus den weißen Blüten zaubern.

Mach dazu diesen Versuch

1. Nimm die drei weißen Blumen, die du gepflückt hast, und stelle sie in drei hohe Gläser.
2. Fülle die Gläser mit Wasser und löse in einem Glas die rote Farbe, in einem Glas die blaue Farbe und in dem letzten Glas die gelbe Lebensmittelfarbe auf.
3. Jetzt musst du dich leider etwas gedulden. Am besten bis zum nächsten Tag! Das Ergebnis ist aber dann umso schöner. Dem selbst gemachten, bunten Strauß steht nichts mehr im Wege!

Was passiert?

Die Blume trinkt das mit der Lebensmittelfarbe eingefärbte Wasser und transportiert es durch die kleinen Röhrchen bis zu den Blüten hoch. Da das Wasser gefärbt ist, färbt sich auch die weiße Blüte in der Farbe des Wassers.

Das steckt dahinter

Die Blüten nehmen das Wasser durch den Blumenstängel auf. Im Inneren der Blume verlaufen viele kleine Röhrchen, die das Wasser bis zu den Blüten und Blättern transportieren. Normalerweise ist das natürlich klares Wasser oder in der Natur Regenwasser. Da die Blume ständig neues Wasser benötigt, um am Leben zu bleiben, saugt sie natürlich auch dein eingefärbtes Wasser auf und transportiert es bis zu den Blüten.

Beobachten

Dazu brauchst du
3 weiße Blumen (Margeriten oder Kamille)
Lebensmittelfarbe in Gelb, Rot und Blau
3 hohe Gläser
Wasser

Beobachten

Dazu brauchst du
1 Dose mit passendem Plastikdeckel
1 Gummiband
1 Büchsenstanzer
Farbe und Pinsel
8–10 Schraubenmuttern

Zauberdose

Eine geheimnisvolle Dose ist in der letzten Zeit der Schrecken der Straße! Die Dose kennt keine Furcht und rollt sich ihren unheimlichen Weg wie von Geisterhand gesteuert durch die Stadt. Wer enttarnt diesen hinterhältigen Geheimniskrämer und bringt ihn unter Kontrolle?

Mach dazu diesen Versuch

1. Stanze mit dem Büchsenstanzer zwei gegenüberliegende Löcher in den Boden der Dose.
2. In den Plastikdeckel müssen ebenfalls zwei Löcher gestanzt werden.
3. Fädle nun das Gummiband durch die Löcher im Boden und kürze das Band so, dass beide Enden etwa zwei Zentimeter aus der oberen Dosenöffnung heraushängen.
4. Knote nun alle Schraubenmuttern in der Mitte des Gummibandes an. Das Gummiband muss dabei unbedingt gespannt sein!
5. Fädle jetzt noch die zwei Enden des Gummibands durch die Löcher des Plastikdeckels. Verschließe dann die Dose und verknote die Enden der Gummibänder. Jetzt geht es los! Die Dose rollt über den Boden. Sobald sie langsamer wird, schreist du: „Stehen bleiben!“ Ob dir deine Dose wohl gehorchen wird?

Was passiert?
Die Dose wird anhalten und sich dann zu dir zurückbewegen. Klappt das nicht sofort, musst du die Spannung des Gummibandes oder die Position des Gewichtes noch etwas verändern. Sobald das Band fest genug aufgedreht ist, hört die Dose auf zu rollen. Die gespeicherte Energie wird wieder freigesetzt und die Dose rollt zurück.

Das steckt dahinter

Gummibänder können Energie speichern und später wieder freisetzen. Wenn die Dose über den Boden rollt, dreht sich das Gummiband durch das Gewicht der Schraubenmuttern auf. Wenn sich das Band wieder abdreht, läuft die Dose in die umgekehrte Richtung.

Zauberkohl

Wenn es so richtig kalt ist, dann schmeckt ein leckerer Braten mit viel, viel brauner Soße und Knödeln und natürlich darf dann auch der Rotkohl nicht fehlen. Aber ist dir schon einmal aufgefallen, dass der Rotkohl manchmal richtig rot und manchmal fast blau ist? Möchtest du wissen, warum das so ist?

Mach dazu diesen Versuch

1. Wenn es das nächste Mal bei euch zu Hause Rotkohl gibt, dann bitte doch deine Mutter oder deinen Vater, dir ein paar Blätter für dein Experiment zur Seite zu legen.
2. Schneide die Blätter in feine Streifen.
3. Den fein geschnittenen Rotkohl gibst du in einen Topf und füllst ihn mit heißem Wasser auf. Lass alles eine Stunde ziehen.
4. Du wirst sehen, das Wasser färbt sich violett. Gieße den Rotkohl durch ein Sieb ab und fange den Rotkohlsaft in einem anderen Behälter auf.
5. Den aufgefangenen Rotkohlsaft verteilst du gleichmäßig in fünf Gläser. In das erste Glas schüttest du nun zusätzlich einen Esslöffel Essig und in das zweite Glas einen Teelöffel Zitronensaft.
6. Jetzt löst du einen halben Teelöffel Soda in ein wenig Wasser auf und füllst die Mischung in das dritte Glas Rotkohlsaft.
7. In das vierte Glas gibst du eine Teelöffelspitze Backpulver hinein.
8. Dann nimmst du ein kleines Stück Seife und löst es in ein wenig Wasser auf. Diese Mischung füllst du in das fünfte Glas Rotkohlsaft. Nun kannst du beobachten, welche Farbe der Saft in den Gläsern annimmt.

Was passiert?

Der violette Farbstoff des Rotkohls wird durch saure Flüssigkeiten, wie Zitrone oder Essig, rot gefärbt. Soda, Backpulver und Seife färben den Saft dagegen blau.

Das steckt dahinter

Stoffe wie der Rotkohlsaft heißen in der Chemie Farbindikatoren. Sie zeigen durch Änderung ihrer Farbe den Säuregehalt an. In der Chemie werden diese Stoffe sehr häufig benutzt.

Beobachten

Dazu brauchst du

Rotkohl
1 Topf
1 Sieb
5 Gläser
Essig (keine Essigessenz!)
Zitronensaft
Soda
Backpulver
Seife

Beobachten

Zeitungsknete

Das Langweiligste auf der Welt sind alte Nachrichten. In alten Zeitungen findest du haufenweise davon. Was macht man normalerweise damit? Irgendwer erbarmt sich und schleppt die Papierberge zum Altpapiercontainer. Du solltest die alten Zeitungen aber in nächster Zeit sammeln! Nicht etwa, weil du die alten Nachrichten so spannend findest, sondern weil du dir aus den alten Zeitungen selbst Knete machen kannst!

Mach dazu diesen Versuch

1. Zerreiße die alten Zeitungen in viele kleine Stücke. Du brauchst nämlich einen großen Haufen Zeitungsschnipsel für eine Hand voll Knete. Also zerreiße tüchtig die alten Nachrichten und mache dir neue Knete daraus!
2. Wenn du nun einen großen Berg Schnipsel hast, füllst du eine Schüssel zur Hälfte mit Wasser.
3. Lege die Papierschnipsel in das Wasser hinein und lasse sie dann 10 Minuten einweichen.
4. In der Zwischenzeit machst du den Handmixer startklar und verquirlst anschließend das Ganze zu einem dicken Papierbrei. Falls deine Mutter gerade mit dem Handmixer Kuchen backt oder ihr keinen habt, kannst du auch einen Löffel benutzen. Das dauert nur etwas länger und du brauchst viel Kraft zum Rühren.
5. Nimm nun das Sieb und schöpfe den Papierbrei aus der Schüssel ab. Fülle den abgetropften Papierbrei in die andere Schüssel um.
6. Jetzt kommt der Tapetenkleister zum Einsatz. Streiche eine dicke Schicht davon

Dazu brauchst du
Alte Zeitungen
Handmixer
1 Sieb
2 Schüsseln
Tapetenkleister
1 Plastikset
Wasser

über den Papierbrei und dann knete alles gut durch. Dafür benutzt du aber jetzt die Hände und nicht mehr den Mixer! So, fertig ist die selbst gemachte Knete! Viel Spaß beim Modellieren! Wenn deine Figuren getrocknet sind (was bei großen Figuren ein paar Tage dauert), kannst du sie auch bemalen!

Was passiert?

Die Papierfasern lösen sich beim Aufquellen voneinander ab. Sobald sie getrocknet sind, kleben sie wieder ganz fest zusammen und sind dann sehr haltbar.

Das steckt dahinter

Das Papier quillt im Wasser auf. Die einzelnen Fasern lösen sich ab und ziehen sich beim Trocknen wieder zusammen. Danach sind sie sehr fest miteinander verbunden. Der Tapetenkleister hilft dabei noch zusätzlich deinen Bastelarbeiten die nötige Stabilität zu verleihen. Diese Art von Knete nennt man übrigens Pappmaschee.

Fühlen

Zeitungstrick

Wetten, dass du es nicht schaffst, ein Holzlineal, das zur Hälfte auf dem Tisch liegt und zur Hälfte darüber hinaus ragt, mit einem einzigen Faustschlag vom Tisch zu hauen? Damit das Experiment auch wirklich klappt, musst du ein Zeitungsblatt über das Lineal legen. Eine Zeitung wiegt ja fast nichts. Das ist also kein Problem für dich. Oder?

Dazu brauchst du
1 Zeitung
Tisch
Holzlineal

Mach dazu diesen Versuch

1. Lege das Lineal halb auf den Tisch, halb lässt du es über dem Boden schweben.
2. Haue nun mit einem kurzen festen Faustschlag auf die schwebende Linealseite. Wie erwartet, fällt das Lineal mit einem Krachen vom Tisch.
3. Falte nun deine Zeitung auseinander und suche dir ein doppelseitiges Blatt heraus.
4. Lege das Lineal wieder zur Hälfte auf den Tisch, zur Hälfte soll es wieder drüber hinausragen.
5. Das Zeitungsblatt deckst du über das Lineal. Die schwebende Hälfte soll dabei unbedingt frei bleiben, sodass nur der Teil des Lineals glatt zugedeckt ist, der auf dem Tisch liegt.
6. Streiche das Zeitungsblatt zur Seite hin aus und glätte es. Jetzt Anlauf nehmen und fest auf die schwebende Linealseite hauen! Oh! Na, nicht kräftig genug?

Was passiert?

In dem Moment, in dem du auf das Lineal haust, bildet sich unter der Zeitung ein Vakuum und saugt Lineal und Zeitung an, sodass das Lineal nicht in hohem Bogen durch das Zimmer fliegt.

Das steckt dahinter

Zusätzlich zum Gewicht des Blattes, drückt die Luft von oben gegen die Zeitung. Und das sogar mit dem unvorstellbaren Gewicht von 1 kg pro Quadratzentimeter! Die Maßeinheit, mit der die Luft deine Zeitung herunterdrückt, nennt man auch Bar. Miss deine Zeitungsseite aus und rechne das Gewicht aus, das auf der Zeitung lastet. Du wirst wirklich staunen!

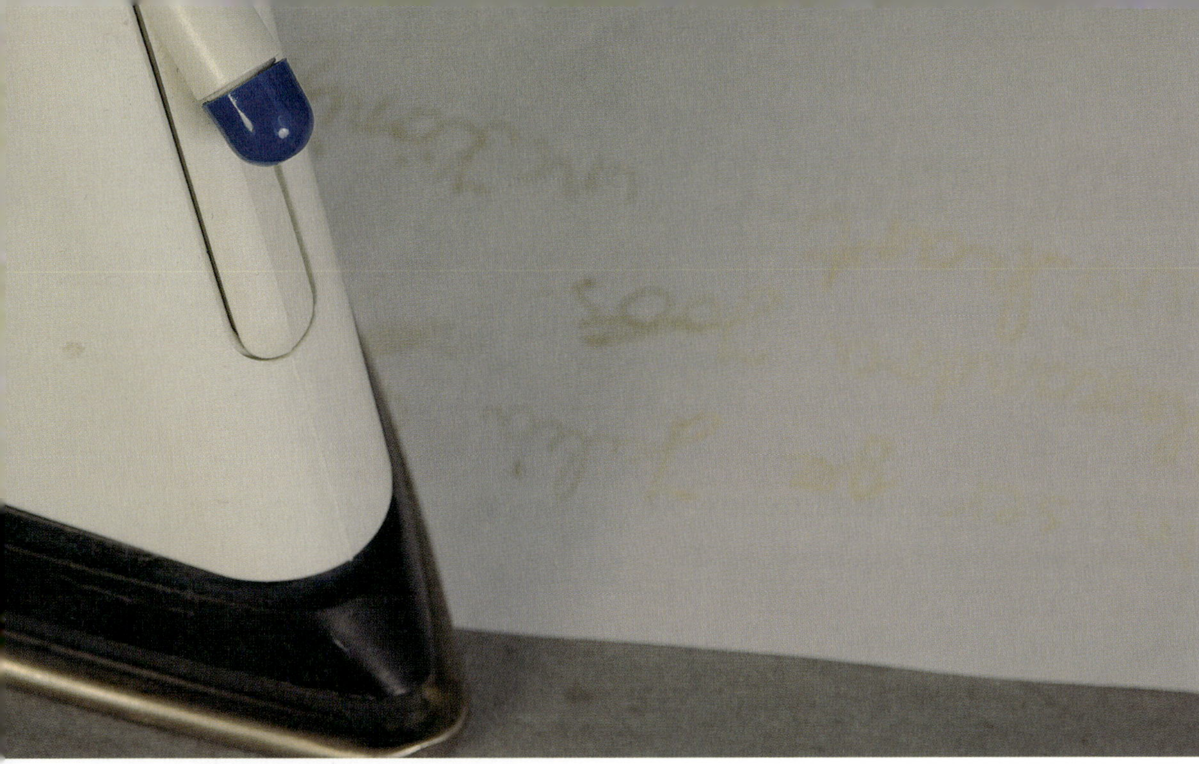

Beobachten

Zitronenschrift

Wenn du den Trick mit dem Kugelschreiber und der geheimen Nachricht schon ausprobiert hast, dann kannst du hier noch eine Methode für das geheime Übermitteln von verschlüsselten Nachrichten austesten. Welche Geheimschrift gefällt dir wohl besser?

Mach dazu diesen Versuch

1. Presse eine Zitrone aus und schütte ihren Saft in ein Glas. Aber vorsichtig, damit keine Kerne mitrutschen! Wenn sie hinterher auf deinem Brief kleben, gibst du einen Hinweis auf die Methode! Also, Kerne raus!
2. Tauche nun deinen Federhalter in den Zitronensaft und schreibe die geheime Botschaft. Je nachdem, wie lang deine Nachricht ist, musst du den Federhalter natürlich öfter in den Zitronensaft tauchen.
3. Sobald der Saft auf dem Blatt getrocknet ist, ist die Botschaft verborgen. Sie bleibt es auch, bis jemand das Rätsel um die verschwundene Schrift löst.

Was passiert?

Sobald der Zitronensaft trocknet, verschwindet deine Nachricht. Wenn du sie wieder sichtbar machen möchtest, geht das so: Bitte einen Erwachsenen, dir das Bügeleisen auf niedrigster Temperatur zu erwärmen. Wenn du nun vorsichtig mit dem Bügeleisen über das Blatt fährst, wird die Schrift wieder sichtbar!

Das steckt dahinter

An den Stellen, auf denen du mit dem Federhalter geschrieben hast, ist der Zitronensaft in das Papier eingedrungen. Der Zitronensaft enthält Kohlenhydrate. Diese verkohlen beim Erhitzen mit dem Bügeleisen oder über dem Toaster. Die Entzündungstemperatur liegt hier nämlich niedriger. Daher werden diese Stellen bei Wärmeeinwirkung braun.

Dazu brauchst du
1 Glas
1 Zitrone
Zitronenpresse
1 Federhalter (keinen Füller!)
1 Blatt weißes Papier
Bügeleisen

Schmecken

Zungentest

„Uhhh, das schmeckt aber scheußlich!" Den Satz hast du bestimmt schon gehört oder sogar selbst benutzt. Oder? Aber wo schmecken wir eigentlich? Im Mund irgendwo! Ist doch klar! Wenn du etwas nicht magst, schmeckt es im ganzen Mund scheußlich. Du meinst vielleicht sogar das, was dir nicht schmeckt, wird im Mund immer mehr und du bekommst es nicht herunter. Dabei ist es in Wirklichkeit nur ein sehr kleiner Teil im Mund, mit dem du schmeckst. Begib dich auf eine Forschungsreise und entdecke die Geschmackszonen.

Dazu brauchst du
Zitronensaft
Kinderkaffee
Zucker
Wasser
Salz
Brot
4 Strohhalme
4 Gläser

Mach dazu diesen Versuch

1. Fülle in zwei Gläser etwas Wasser, in die zwei anderen Gläser den Kaffee und den Zitronensaft.
2. In dem einen Wasserglas löst du jetzt einen Teelöffel Zucker auf und in dem anderen einen halben Teelöffel Salz. Rühre so lange um, bis sich alles gut aufgelöst hat.
3. In jedes der gefüllten Gläser steckst du nun einen Strohhalm. Halt! Nicht trinken! Am besten beginnst du das Experiment mit dem Zuckerwasser.
4. Tunke den Strohhalm in das Zuckerwasser ein und halte dann mit deinem Zeigefinger das Loch am oberen Ende des Strohhalms zu. So erhältst du ganz leicht eine Pipette.
5. Strecke deine Zunge ganz weit heraus – zu wissenschaftlichen Zwecken darfst du das natürlich machen! Tropfe nun mit deiner selbst gemachten Pipette die Zuckerwasserlösung auf den vorderen Teil deiner Zunge. Versuche, genau die Zungenspitze zu treffen! Schmeckst du etwas? Süß – sehr lecker!
6. Iss nun ein kleines Stück Brot. Damit neutralisierst du den Geschmack im Mund.
7. Nimm dann den Strohhalm aus dem Glas mit der Salzwasserlösung und tropfe dir an beide Seiten rechts und links neben der Zungenspitze ein wenig von der Salzlösung. Igitt! Salzig!
8. Schnell ein Stück Brot hinterher, um den Geschmack wieder loszuwerden!
9. Jetzt kannst du dir den Zitronensaft auf die ganz hinteren Seiten deiner Zunge tropfen. Dafür musst du die Zunge sehr weit herausstrecken! Sauer macht lustig! Iss auch hier ein Stück Brot hinterher und dann kannst du die letzte Geschmackszone in deinem Mund mit dem Kaffee ausfindig machen.

10. Tropfe dir den Kaffee weit hinten in die Mitte deiner Zunge. Bitter! Sehr bitter! Schnell das Stückchen Brot essen und alles ist wieder neutralisiert!
11. Wenn dir nun noch nicht die Lust vergangen ist und du dieses Experiment nicht geschmacklos findest, dann kannst du weiter deinen Mund erforschen! Nimm dazu die Zuckerwasserlösung und tropfe sie in den hintern Bereich der Zunge. Dahin, wo du vorher sauer und salzig geschmeckt hast. Und? Nichts! Du schmeckst das Zuckerwasser auf dem hinteren Teil der Zunge nicht.
12. Iss ein Stück Brot und tropfe nun etwas von der Salzwasserlösung auf die Zungenspitze. Wieder nichts!

Das steckt dahinter

Die Zunge ist in unterschiedliche Geschmackszonen aufgeteilt. Das heißt, du kannst nur auf der jeweils süßen, sauren, salzigen oder bitteren Geschmackszone auch die entsprechenden Dinge schmecken. Die Zungenspitze schmeckt süß, die Seiten deiner Zunge schmecken salzig und sauer und der hintere Teil in der Mitte schmeckt nur bitter. Für alle anderen Geschmacksrichtungen sind die jeweiligen Stellen auf der Zunge nicht eingerichtet.

Was passiert?

Auf der Zunge befinden sich so genannte Geschmacksknospen. Diese Geschmacksknospen sind unterschiedlich angeordnet, also in verschiedene Geschmackszonen eingeteilt. Jede Zone dieser Geschmacksknospen ist für eine Geschmacksrichtung verantwortlich. Du kannst also nicht überall auf deiner Zunge alle Geschmacksrichtungen schmecken.

Beobachten

Zwillingsgläser

Ein Glas schwebt wie von Geisterhand unter einem anderen Glas. Ganz ohne Klebstoff und Klebeband. Da können doch nur magische Kräfte am Werk sein, oder? Vielleicht ist die Erklärung aber auch ganz logisch und hat nichts mit Spukwerk zu tun?

Dazu brauchst du
2 gleiche Gläser
1 Blatt Löschpapier
Wasser
Streichhölzer
Kerzenstummel

Mach dazu diesen Versuch

1. Du musst dir bei diesem Experiment auf jeden Fall von einem Erwachsenen helfen lassen!
   Stelle den Kerzenstummel in eines der Gläser. Die Gläser müssen aber wirklich Zwillinge sein, sonst funktioniert der Trick nicht!
2. Feuchte das Blatt Löschpapier an.
3. Zünde jetzt die Kerze in dem Glas an. Vielleicht lässt du das einen Erwachsenen machen, denn man verbrennt sich ganz schnell.
4. Sobald die Kerze brennt, musst du blitzartig das feuchte Löschpapier auf das Glas mit der brennenden Kerze legen. Das zweite Glas setzt du nun vorsichtig und umgedreht auf den Rand des anderen Glases. Die Glasränder müssen ganz genau aufeinander stehen!
5. Wenn die Flamme der Kerze erloschen ist, kannst du das obere Glas anheben – und wie von Geisterhand schwebt das andere darunter.

Was passiert?
Dadurch, dass in den zwei Gläsern ein niedrigerer Luftdruck herrscht als außerhalb, werden die Gläser von dem höheren Außenluftdruck zusammengepresst.

Das steckt dahinter

Die Flamme der Kerze verbraucht Sauerstoff. Wenn der Sauerstoff verbraucht ist, erlischt die Kerze. Die Flamme hat zuerst den Sauerstoff in dem unteren Glas verbraucht. Als der alle war, hat sie auch den Sauerstoff aus dem oberen Glas, sogar durch das angefeuchtete Löschpapier hindurch, verbraucht. In beiden Gläsern ist jetzt ein niedrigerer Luftdruck als außerhalb der Gläser.

Zwölf-Stunden-Ei

Fühlen

Kennst du ein Weichei? Nein, natürlich nicht, was du jetzt denkst! Es handelt sich dabei tatsächlich um ein richtiges Ei. Und das ganz ohne Kochen! Du kannst dir nichts darunter vorstellen? Dann warte mal ab!

Mach dazu diesen Versuch

1. Fülle ein hohes Glas bis zur Hälfte mit Essig.
2. Lege dann das rohe Ei vorsichtig in das Glas hinein. Auf der Schale von deinem Ei bilden sich viele kleine Blasen.
3. Jetzt musst du eine geraume Zeit abwarten. So etwa 12 Stunden. Du kannst ja ab und zu mal bei dem Ei vorbeisehen.
4. Nach 12 Stunden fischst du dann dein Ei aus dem Essig. Jetzt hast du ein wirkliches Weichei!

Was passiert?

Die Schale von deinem Ei besteht aus Kalk. Kalk wird von Säure aufgelöst. Der Essig hat also die Schale vollständig aufgelöst. Übrig bleibt nur noch das dünne Eihäutchen. Es schützt das Ei nun vor dem Auslaufen.

Das steckt dahinter

Das rohe Ei hat ja eigentlich eine harte Schale. Du kannst die Schale zwar zerstören, wenn du das Ei einfach fallen lässt, aber du kannst sie nicht eindrücken. Ein Ei hat nicht wie ein Ballon eine weiche und elastische Haut. Aber durch den Essig hast du sie verweichlicht. Denn die Säure im Essig hat die Schale des Eies angegriffen.

Dazu brauchst du

1 rohes Ei
1 hohes Glas
Essig

Register nach Schwierigkeitsgrad

Leichte Experimente

Mittelschwere Experimente

Schwere Experimente

Register nach Zeitaufwand

Experimente für wenig Zeit

Experimente für mehr Zeit

Experimente für viel Zeit

Register nach Kategorien

Experimente zum Beobachten

Experimente zum Fühlen

Experimente zum Schmecken

Experimente zum Hören

Experimente zum Riechen